今すぐ使える！

特別支援アイデア教材50

大塚特別支援学校の
実践からうまれた

作り方・活用法

佐藤　義竹〔著〕
筑波大学附属
大塚特別支援学校
教材教具研究会〔編著〕

コピー＆
ダウンロード
OK

合同出版

　これまで特別支援学校の教員として、さまざまな子どもたちに出会い、自分が何かを支援する以上に子どもからとても多くのことに気づかされ、学ぶことができました。この学びの１つが本書のテーマである「教材」です。

　教材の目的は本と違い、教師自身のスキルをあげたりするというよりは、子どもに合わせてオリジナルなものを考え試行錯誤する過程であり、子どもたちと教師が直接使うことによって新たな気づきやより使いやすいものへと高め合うものです。

　本書で紹介する教材は実際に私が作ったオリジナル教材が中心で、子どもたち一人ひとりの教育的ニーズや学級集団の目標など、その時々の状況に合うように考えだしたものです。

①教材の背景にある教員の思い

　「Ａさんが自分でこれをできるようになるには、どのような手立てがあるといいのだろう？」と考えて作った教材もあれば、「ＢさんとＣさんが教材を通して協力しながら活動に取り組んでほしい」という思いを込めたものもあります。教材の背景にある子どもたちの状況やねらいにも注目していただき、本書を毎日の指導に役立てていただければ幸いです。

② PDCA サイクル

　教材づくりの醍醐味は、実際に子どもたちが使っている様子から改善点を見つけ、よりよい学びにつなげていくことです。作り手である教師からすると「せっかく作ったのにうまくいかなかった」「ここが不十分だったようだ」と気づき落ち込むことも少なくありません。しかし見方を変えれば、「うまくいかなかった部分」はその子にとってより分かりやすい・使いやすい教材につなげるためのヒントになります。

③作り手も多様

特別支援教育やインクルーシブ教育、合理的配慮はまさに多様性を大切にする概念です。これは教材づくりおいても大切な視点です。同じねらいの教材を作っても先生ごとに形やアプローチは異なります。私も「あの先生が作る教材はきれいだな」「こだわりを見習いたい」と他の先生方から多くのことを学ばせてもらいました。この本を見て教材を作る読者の方にも、ぜひそのままではなく自分なりのアプローチを加えたり、目の前の子どもたちに合わせてアレンジしていただければうれしく思います。

もくじ

1 気持ちのメーター

ねらい

◆ 今の自分の気持ちや状態に気づくことができます。
◆ 感情を客観的に捉えることができます。

材料

ラミネーター一式　割鋲（わりびょう）

作り方

1

パソコンで図とイラストを組み合わせて作り、印刷します。
➡ コピー用 108・111 ページ

2

矢印の根元部分を割鋲で留めす。

3

子どもたちが活用しやすい位置に貼ります。

1 いつでも使えるように、教室にある個人のロッカーのドア部分にマグネットを付けて貼っておきました。

2 はじめて使う時には、教師が使い方を説明します。針を教師と一緒に動かし、「何色？ オレンジだと真ん中ぐらいだね。さっきは真っ赤だったから少し落ち着いたかな？」と子どもの気持ちを言語化します。
＊時間による気持ちの変化にも注目します。

3 実際の場面で本人が不安定になったりイライラしたりした時などに、教材を使いながら自分を客観的に考えることができるように支援する。

4 怒りや疲れなどの気持ちや状態の時にはどんな対処方法があるかを一緒に考えるようにする。

💡 ●例えば子どもが目盛りを「疲れた」にした時には、「どんな休憩ができるかな？」などと言葉をかけながら、気持ちや状態に対する代替の行動につなげるようにする。

教材の活用を通して

「うれしい」「楽しい」「怒り」「悲しい」など、さまざまな感情を表せるようになるツールです。その感情を色や目盛りで客観的に捉え、自分の気持ちと上手に付き合えるようになってほしいと思い作りました。子どもによってどの感情に対して支援が必要になるかを見極める必要があります。自分の気持ちに気づけたら、少し疲れている時にはどのように休息を取るか？など、具体的な対処方法を自分で考えたり、支援者と一緒に考え身に付けていくことがつぎのステップです。

2 気持ちのメーターと活動選択カード

ねらい

◆ 視覚的なツールによって、子どもが自分の今の気持ちや状態に気づくことができるようにします。

◆ 具体的な選択肢のカードを活用することで、落ち着くための方法を考えることにつなげます。

◆ 自分なりのクールダウンの方法を考えたり見つけたりする機会にします。

材料

ラミネーター　割鋲　マジックテープ　マグネット

作り方

1 A3の紙の上半分に、5段階に分けた気持ちのメーターを印刷します。
➡コピー用 108・111 ページ

2 割鋲で矢印を留め、左右に動くようにします。

3 A3の紙の下半分に活動カード（4枚から6枚）を貼る枠を作ります。

4 子どもの状況にあった活動カード（4枚から6枚くらいのリラックスの方法）をイラストと文字で作り、裏側にマジックテープを付けます。

5 A3の紙とリラックス活動カードをラミネートします。

6 A3の紙の裏にマグネットを付け、黒板などに貼れるようにします。

1. 気持ちや心の状態のように、抽象的な概念のイメージがもちにくい子に、「今どんな気分？」と声をかけます（子どもが使いやすい場所に掲示しておきます）。

2. 気持ちメーターの針を教師と一緒に動かし、「何色？　赤に近いね、イライラしてるんだね」などとフィードバックします。

3. 子どもが自分の気持ちを自覚したら、その気持ちを受け止め、「何するとリラックスできそう？」とたずねます。

4. 子どもの興味関心や実行できる方法をカードで２、３枚示し、やりたいことを選択するようにします。

5. 落ち着いたら、「自分の気持ちに気づけたね」「すっきりしたかな」などと、本人が主体的にできた部分に対して肯定的に言葉かけします。

- 自分の気持ちを色と針を使うことで視覚的に確認できます。
- 子どもができるようになってきたら、教師の支援を段階的に減らしていきます。

教材の活用を通して

怒りや悲しみの気持ちでいっぱいになって泣き出したり大声で発散したりする前に、教材を通して、自分の気持ちを客観的にふり返る（気づく）ことをまずは大切にしてほしいと思い作成しました。

つぎに大切なことが、代替行動を考えることです。何も無い状況で「落ち着いておいで」と言うのではなく、具体的な活動の選択肢を通して、「何をして気持ちを落ち着かせようか」と言葉をかけ、考えて行動することにつなげます。スモールステップで「できたね」「がんばったね」というポジティブな思いを共有することも、気持ちを切り替えつぎにつなげるためにとても大切な関わりの一つだと思います。

3 声の大きさシート

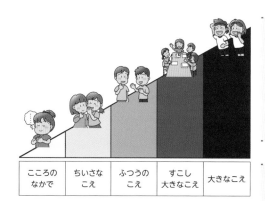

こころの なかで	ちいさな こえ	ふつうの こえ	すこし 大きなこえ	大きなこえ

ねらい

◆場に応じた声量を意識して振る舞うことができるようにします。

◆今の自分の状態（声の大きさや態度、気持ち）に気づくことができるようにします。

材料

がびょう

作り方

こころの なかで	ちいさな こえ	ふつうの こえ	すこし 大きなこえ	大きなこえ

1

パソコン（ワード文書）でイラストと文字を組み合わせて作成します。

➡コピー用 109・111 ページ

2

子どものニーズに応じて、複数のパターンを用意します。

3

見やすい位置に貼ります。

1 学習活動の前や学習活動中に活用します。「発表の時には４の声で」「聞く人は１の声で」などその時の役割や状況に応じて具体的に伝えます。

2 子どもが自ら意識して取り組むことができている時には「ちょうどよい声だね」と声をかけ、肯定的にふり返ることが大切です（フィードバック）。

3 動かせるマークを付けることで、それを手がかりに「今の声の大きさ」を確認できるようになりました。斜めにスライドするマークを付けると三角形の声のメーターに並行して、マークも移動できるので、声の大きさをより視覚的に把握することができます。

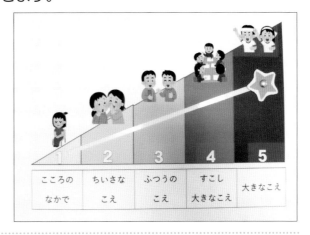

教材の活用を通して

「静かにしてください」「もっと小さな声で」「もっと大きな声で」と口頭のみで伝えられても、具体的な声量がわからずに困ってしまう子どももいます。「今はこのくらいだね」というフィードバックの言葉かけに加えて、今回のような手立てを併用することで、耳と目の２つの感覚からより具体的にアプローチすることができます。声量の感覚は人それぞれな面もあるので、手立てが共通のツールとして、自他をつなぐ役割になることも考えられます。

4 声の大きさシート【応用】

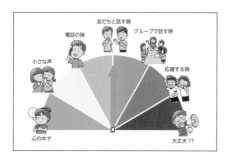

ねらい

◆場に応じた声量を意識して振る舞うことができるようにします。
◆今の自分の状態(声の大きさや態度、気持ち)に気づくことができるようにします。

材料

割鋲

作り方

1

パソコンイラストと文字を組み合わせて半円形のシートと矢印を作成します。
➡コピー用 110・111 ページ

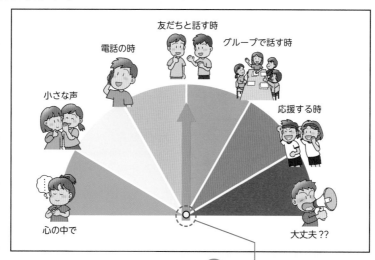

2

半円の直径中央に穴を開けます。

3

割鋲を使ってメーターとなる矢印を貼り付けます。

1 教室の前方など子どもたちに使いやすく、目立つ場所に掲示しておきます。

2 学習活動の前にたとえば「これから図書室にいきます。図書館ではどの声かな？」とあらかじめ聞いておくと、声量を意識づけることができます。

3 自分の声の大きさと場に求められている音量に気づけたら、「授業中は小さい声だね」「応援する時は大きくだそう！」とふり返ります。

教材の活用を通して

自分の声の大きさがどのくらいなのか気づきにくい子に、時と場所によって大きさを変える必要があることを伝える時に役立ちました。他の人からはどう聞こえるのかに気づいて、友だちに声をかける子もいました。

5 観察記録シート【野菜の生育】

ねらい

◆プランターで栽培している野菜の生育に注目し、観察できるようにします。

◆具体的な観察項目に取り組むことができるようにします。

材料

記録用紙（A4 〜 A3 サイズ）

作り方

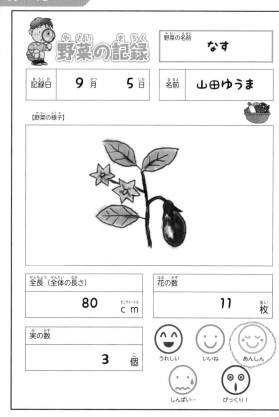

1

パソコンで記録シートを作ります。
➡コピー用112ページ

2

項目は
「野菜の名前」
「記録日」
「記録者名」
「野菜の様子」
「全長」
「花の数」
「実の数」
「観察してみてどんな気持ちになったかのイラスト」
にしました。

使い方

1 「野菜の名前」「記録日」「記録者名」を記入し、観察をはじめます。

2 「野菜の様子」を記録します。
絵を描くことが得意・好きな場合は
スケッチしたり、カメラを使える子
は撮影・印刷して貼ったりしてもよ
いでしょう。

3 「全長」「花の数」「実の数」をできる範囲で記入します。

4 観察してみてどんな気持ちになったか、イラストを見て丸を付けます。

●子どもが野菜をスケッチしたり、撮影したら、記録シートにスケッチや写真を貼るなど、柔軟に課題を設定します。
●子どもに応じてスケッチする範囲をあらかじめ伝えるなどの支援も必要になることがあります。タブレット端末を利用する場合には、撮影した画像にタッチペンで絵や文字を追記するなどさまざまな活用のしかたが考えられます。

教材の活用を通して

野菜の観察を通して、自分の気持ちを表現したり、友だちの思いに気づいたりできるようになります。また、毎回ふり返りを行い、身近な自然について考えたことを話し、友だちと意見を伝え合う機会にします。

6 観察記録シート【野菜の収穫】

ねらい

◆栽培している野菜の収穫に進んで取り組むことができるようにします。
◆1週間の収穫量の推移（多い・少ない）に気づくことができるようにします。

材料

記録用紙（A4 〜 A3 サイズ）

作り方

1
パソコンで記録シートを作ります。
➡コピー用 113 ページ

2
項目は
「野菜の名前」
「記録日」
「記録者名」
「収穫した数」
「収穫グラフ」
にしました。

1 「野菜の名前」「記録日」「記録者名」を記入もしくは文字シールを貼るなどし、実際に観察します。

2 観察日の「収穫記録表」に収穫した数を記録します。

3 観察日の「収穫グラフ」に収穫した数量を記録します。
書字に困難がある場合には収穫量のシールを貼るなど、子どもの状況に応じた方法にします。

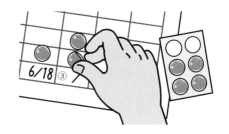

- 自分でグラフに記入しやすいように目盛りを付けます。
- 前日に比べて収穫量はどうだったかなど、考えることができるように働きかけます。

教材の活用を通して

収穫量を数で記録していくことで、実体験の中で数を扱うことができます。子どもの状況に応じてグラフの最大数を変更するなど柔軟に課題設定します。

加えて、生徒同士でペアを作り、友だちと協力して野菜を収穫したり、記録をしたりするなどの場面も設定しました。

収穫に加えて、友だちと力を合わせて課題に取り組むことで、より子ども自身が主体的に活動するようにすることもできます。

7 音読記録シート①【宿題で音読】

音読記録シート
月　日　曜日

【作品名】

【ページ】

ポイント	自分でふり返ろう			おうちの方より
	1回目	2回目	3回目	
1. 正しく読むことができましたか？				
2. はっきりと読むことができましたか？				
3. すらすらと読むことができましたか？				

【最後におうちの方から評価をお願いします】

◎…よくできた　○…できた　△…もう少し

「正しく読む」…文章を間違わずに読むこと
「はっきりと読む」…聞いている人が聞きやすい声の大きさで読むこと
「すらすらと読む」…途中で止まらずに文章を読むこと

ねらい

◆ 具体的な評価項目に対する自己評価と他者評価を通して、よくできたことをふり返ったり、つぎにがんばることを考えたりすることができるようにします。
◆ 具体的なツールを用いて学校と家庭が連携して課題に取り組むことができるようにします。

材料

記録用紙（A4 サイズ）

作り方

音読記録シート

11月　13日　金曜日

【作品名】	
【ページ】	

ポイント	自分でふり返ろう			おうちの方より
	1回目	2回目	3回目	
1. 正しく読むことができましたか？	○			
2. はっきりと読むことができましたか？	○			
3. すらすらと読むことができましたか？	△			

【最後におうちの方から評価をお願いします】

◎…よくできた　　○…できた　　△…もう少し

「正しく読む」…文章を間違わずに読むこと
「はっきりと読む」…聞いている人が聞きやすい声の大きさで読むこと
「すらすらと読む」…途中で止まらずに文章を読むこと

1

パソコンで記録シートを作ります。
➡コピー用 114 ページ

項目は
「課題に取り組む日付」
「作品名（音読する物語などのタイトル)」
「ページ」
「評価項目と表」
にしました。

2

音読のポイントをわかりやすい言葉で書きます。

1. シートに「課題に取り組む日付」「作品名（音読する物語などのタイトル）」「ページ」を記入します。

2. 「音読のポイント」を確認してから取り組みます。本人の実態に応じた作品を選びます。また、数段落ごとに取り組むようにするなど、本人が「やってみよう」という思いを継続できる内容と量に配慮することも大切です。
子どもによっては、文字サイズを大きくしたり、ふりがなを付けます。

3. 1回ごとに評価項目に沿って、自己評価（ふり返り）をします。

4. 最後に保護者にも評価してもらいます。

- 子どもが自分で評価できるように具体的でわかりやすい評価項目にします。
- 保護者に評価してもらう場合は、個人面談などで十分に共通理解を図るようにします。

教材の活用を通して

どのようなことに気をつけて音読するのかを具体的に考えてほしいと思い作成しました。また音読した後にふり返る（評価する）ことも大切にし、「自己評価」と「他者評価」の2つからふり返りを行いました。2つの視点を知ることができるのが特徴です。ただふり返るのではなく、教材を通して子どもたちと教師・保護者が「前より上手になったね」「〜に気をつけるともっとすらすら読めるよ」などと肯定的に関わることが大切です。またどのように評価（ふり返り）してほしいのか、など教材のねらいを連絡帳や面談を通して保護者に伝えるようにしました。

8 音読記録シート② 【親子で評価】

ねらい

◆子どもが家で音読し、保護者と評価項目をチェックするようにします。

◆子どもと保護者ができたことをふり返ったり、つぎにがんばることを考えたりすることができるようにします。

◆具体的なツールに配慮することで、家庭でも継続的に取り組みやすいようにします。

材料

記録用紙（A4 サイズ）

作り方

音読記録シート

| 月 | 日 | 曜日 |

【作品名】	
【ページ】	

ポイント	自分でふり返ろう		
	／	／	／
1. 正しく読むことができましたか？	◎		
2. はっきりと読むことができましたか？	○		
3. すらすらと読むことができましたか？	○		

◎…よくできた　　○…できた　　△…もう少し

「正しく読む」…文章を間違わずに読むこと

「はっきりと読む」…聞いている人が聞きやすい声の大きさで読むこと

「すらすらと読む」…途中で止まらずに文章を読むこと

1

パソコンで記録シートを作ります。

➡コピー用 115 ページ

項目は
「課題に取り組む日付」
「作品名（音読する物語などのタイトル）」
「ページ」
「評価項目と表」
にしました。

2

本人と保護者が評価を話し合い、その日の総合評価を記録します。

1 「課題に取り組む日付」「作品名（音読する物語などのタイトル）」「ページ」を記入します。

2 1日1回保護者と一緒に音読の課題に取り組みます。
保護者から「子どもはまだ自己評価がむずかしい」という相談がありました。そこで1日1回にし、評価も保護者と一緒に行い自己評価と他者評価を同時に経験するように設定しました。

3 音読した後、保護者が一緒に聞いてふり返ります。
自己・他者評価を受けて、総合評価を本人と保護者で相談しながら決めていきます。

💡 ● 「親子で一緒にふり返ってみたい」「毎日の積み重ねを1つの表からすぐにわかるようにしたい」という保護者の要望で「音読記録シート①」を一部変更しました。

教材の活用を通して

家庭で宿題などをする場合にも、自己評価や他者評価を通して課題に取り組んだ姿勢をふり返ると、より目的をもって取り組むことができるようになります。具体的な評価を積み重ねていくと、子どものがんばりや成長の過程がわかり、親子で前向きに課題に取り組むことにつながります。

9 朝の会の進行表 【掲示用、日直用】

●掲示用（A3、みんなが見るもの）

あさのかい

1	はじめ の あいさつ	
2	けんこう かんさつ	
3	きょう の よてい	
4	せんせい の はなし	
5	おわり の あいさつ	

●日直用（A4）

朝の会
日直 進行カード

1	はじめ の あいさつ □「きりつ。」 □「これから、朝の会をはじめます。れい。」 □「おはようございます。」 □「着席。」	
2	けんこう かんさつ □「～さん、おねがいします。」	
3	きょう の よてい □（　）月（　）日（　）曜日 天気（　） □ 時間割	
4	先生 の 話 □「～先生、おねがいします。」	
5	おわりのあいさつ □「これで、朝の会をおわります。れい。」	

ねらい

◆朝の会に参加することができるようにします。
見通しをもつことで、集会活動に安心して参加できるようにします。

材料

A3、A4 の用紙
マグネット

作り方

1

パソコンで進行表を2種類作ります。
➡コピー用 116・117 ページ

2

日直の子が発語や発声が苦手な場合は、あらかじめ本人か教師が音声ペンに録音し、タッチすると声が出るようにシールを貼ります。

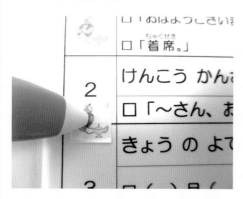

3

掲示用の紙をのりつきのパネルに貼り、1つずつ切り離します（活動カード）。

4

裏面の四隅にマグネットを付けます。

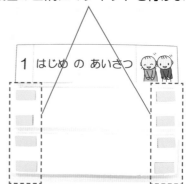

使い方

1 日直は進行表を活用することで、朝の会の活動に注意を向けて取り組むことができるようにします。

2 発語がない子、声が出せない子には音声ペンをもたせ、シールをタッチしながら進行します。

💡 ●朝の会や帰りの会は、学校生活の中でも回数が多く、積み重ねができる機会です。落ち着いて参加でき、一日の流れを理解できるようになると、子どもが安心して学校で過ごすことにつながります。

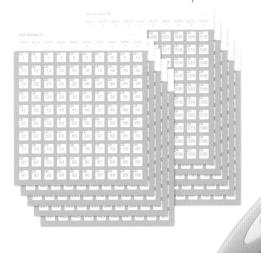

ドットコードシール
このシール１つひとつに録音した音声データをリンクし再生することができます。

G-Speak（音声ペン）
ボタンを押して録音と再生をすることができるペン。

製造元：Grid Mark（株）

10 帰りの会の進行表【掲示用、日直用】

●掲示用（A3、みんなが見るもの）

かえりのかい

1	はじめ の あいさつ	
2	きょう の かんそう	
3	あした の よてい	
4	せんせい の はなし	
5	おわり の あいさつ	

●日直用（A4）

帰りの会
日直 進行カード

	はじめ の あいさつ	
1	□「きりつ。」 □「これから、帰りの会をはじめます。れい。」 □「おはようございます。」 □「ちゃくせき。」	
2	きょう の かんそう □「〜さん、おねがいします。」	
3	あした の よてい □（ ）月（ ）日（ ）曜日 天気（ ） □ 時間割	
4	先生 の 話 □「〜先生、おねがいします。」	
5	おわりのあいさつ □「これで、帰りの会をおわります。れい。」	

ねらい

◆見通しをもって帰りの会に参加することができるようにします。

材料

Ａ３の進行表　マグネット　おわりボックス

作り方

1

パソコンで進行表（Ａ３サイズ）を作ります。

➡コピー用 118・119 ページ

2

裏面の四隅にマグネットを付けて、ホワイトボードに掲示できるようにします。

3

不安が強くて声が出せない場合は、あらかじめ本人か教師が音声ペンに録音し、タッチすると声が出るようにシールを貼ります。

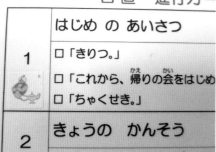

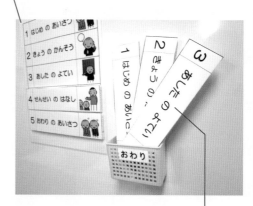

4

活動カードをラミネート加工して、のり付きのパネルに貼って１つの進行ごとに切ります。

使い方

1 日直の子に進行表に沿って、進行の流れと帰りの会の内容を理解させます。

2 進行カードを見ながら、1～5の順番で日直が進行をすすめます。

ちゃくせき

3 済んだら、おわりボックスの中に活動カードを入れます。

かえりのかい
1 はじめのあいさつ
2 きょうのかんそう
3 あしたの よてい
4 せんせいの はなし
5

おわり

教材の活用を通して

朝の会や帰りの会への参加は、最初は支援が必要ですが、子どもの状況に応じて、段階的に支援の程度を下げていき、「参加できた」という実感を積み重ねたり、少ない支援で自ら取り組んだりできるようにすることが大切です。

11 時計カード

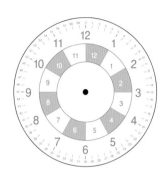

ねらい

◆ 見通しをもって生活し、時刻や時間を意識して行動できるようにします。
◆ 短針と長針から「いつ」「いつまで」を視覚的にわかりやすくします。

材料

のり付きパネル　割鋲　マグネット

作り方

1
時計のイラストをダウンロードし印刷します（サイズは用途に合わせて調整します）。

2
印刷した時計のイラストにのりつきパネルを貼って、カッターで切ります。

3
短針・長針は、操作しやすいようにラミネート加工してハサミで切り取ります。

4
割鋲で時計カードの中心に短針・長針を留めます。

5
時計カードの裏面に、適当なサイズに切ったマグネットを貼り付けます。

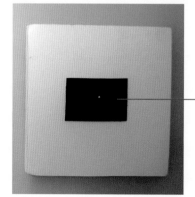

1. 時間割やスケジュールなど、時計が必要な場面に応じて黒板やホワイトボードに貼ります。

2. 活動の開始時刻や終了時刻の目安として、子どもの状況に応じながら使います。時間割や個別のスケジュールだけで安心して生活できる子もいれば、時計によって時間的な見通しをもつことでより主体的に行動できる子もいます。

3. 短針・長針を動かして、実際の時計と同じ時刻になるように合わせます。

- ●時計の見方がわからずに苦手意識や不安感を抱いている子どもには、身近な生活の中に時計を少しずつ意識していくような無理のない取り組みが大切です。
- ●支援者か本人どちらが操作するかは実態に応じて設定します。

教材の活用を通して

「今何時？」と聞いて、教室の時計に注目させ、時刻と時計との関係を教えます。「長い針が○○になったら○○をします」と活動の予告に活用します。子どもの身近な生活から時刻や時間を教えていきます。

12 時計ボード

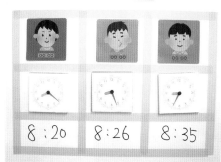

ねらい

◆アナログ時計を見て、時計キットで時刻を合わせられるようにします。
◆時刻を読んで数字で時刻を書くことができるようにします。
◆実生活の中で時計を意識し、自分の生活と関連付けて考えられるようにします。

材料

カラーテープ　子どもの写真　時計カード

作り方

1

11 の時計のキットを利用します。

2

ホワイトボードにテープで枠を作ります。

3

子どもの写真カードを作ります。

4

写真カード、時計カードを枠内に貼ります。

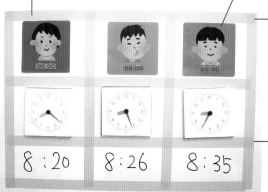

使い方

1 一人ひとりが登校して教室に入った時に「今何時かな？」と聞いて、アナログ時計に注目できるように働きかけます。

いま何時かな？

2 「●時●分」と答えさせます。答えることがむずかしい場合には、教師と一緒に確認します。

3 自分で時計カードの短針・長針を操作して、登校時刻を合わせます。

4 「何時何分か」をデジタル表記で書きます。

💡 ● 時計の学習にはいくつかのステップが必要です。無理をせずスモールステップで課題に取り組みます。

教材の活用を通して

時計の学習は実生活と関連付けながら取り組むことで、より主体的に学ぶことができます。同時に、「できない」「わからない」という子どものネガティブな苦手意識ではなく、少しずつ「できた」「わかった」というポジティブな思いを積み重ねるようにします。

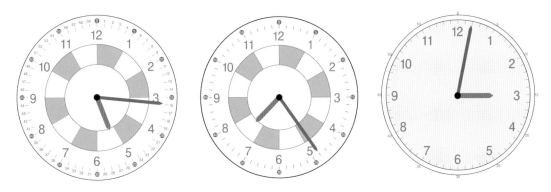

子どもたちの見やすさや数の理解に応じて、さまざまなパターンの文字盤を作ります。

13 日課帳【学校生活の予定を書く】

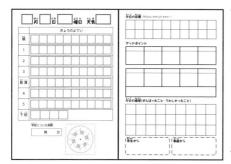

◆毎日の日課として、登校後に「日にち」「一日の時間割」「登校時間」「今日の目標」を記入できるようにします。
◆下校の前に「今日のふり返り」を記入できるようにします。
◆記入後、報告・確認を受けるようにします。

材料

日課表

作り方

9月 6日 水曜日 天気 くもり

きょうのよてい

朝	に	っ	ち	ょ	く		
1	こ	く	ご				
2	り	か					
3	え	い	ご				
給食	と	う	ば	ん			
4	さ	ん	す	う			
5	し	ゃ	か	い			
下校							

学校についた時間
8時20分

今日の目標（今日はなにをがんばりますか？）

さ	ん	す	う	の	け	い	さ	ん

グッドポイント

あいさつ	せいとん
●	●

今日の感想（がんばったこと・うれしかったこと）

と	も	だ	ち	に	え	い	ご	を
ほ	め	ら	れ	て	う	れ	し	か
っ	た							

先生から
字がていねいになってきましたね！

家庭から

1

パソコンで表を作ります。
➡ コピー用 120・121 ページ

2

文字や線の見えにくさがある子どもから、青い線が見やすいという指摘があり、色を変更しました。
縦書きの方が見やすい子どももいます。

使い方

1 登校後、教室前面に提示している予定表を見て時間割を書き写します。

できました！

2 記入が終わったら、教師に「できました」と報告するように、子どもの様子に応じて言葉かけをします。

3 なかなか書き進められない時には、自分から「教えてください」と教師に支援を求めるように促します。様子に応じて言葉かけをします。

4 枠から字がはみ出たり、文字の間隔を詰め過ぎたりすることがあります。マス目があることで枠を意識して書くことができます。日課帳を学校と家庭で共用して、双方から子どもに対して「きれいに書けているね」とフィードバックすることで、書字への前向きな姿勢を育みます。

5 教師に確認した後は、子ども自身でファイルやケースに綴じ込みます。

 ●子どもの状況に応じて本人、保護者と相談、仕様を改良していきます。

> ### 教材の活用を通して
>
> 日課帳は日々積み重ねができる教材の1つです。日課帳を通して、「できました」「教えてください」など、教師とのやりとりができる教材です。教師の間で子どもへの働きかけの内容や課題を整理して、一貫した対応になるよう配慮します。

14 シール付きの日課帳【学校生活を記録する】

ねらい

◆毎日の日課として、登校後に「日にち」のシールを貼れるようにします。

◆自ら課題に取り組むようにし、教師に報告し、確認を受けるようにします。

材料

A4 の日課表　日にちシール

作り方

5 月	20 日	月 曜日

グッドポイント

登校 (8:40まで)	身だしなみ (朝)	荷物整理 (朝)	係の仕事	身だしなみ (帰)

先生から

だんだん身だしなみに
気を付けたり、整理整
とんが身についてきま
した。

家庭から

出かける時に「ネクタ
イどうなってる?」とき
くと、自分で気づいて
チェックするようにな
りました。

1

パソコンで日課表を作ります。
➡コピー用 122 ページ

2

書字が苦手な子のためにタックシールと日にちシールを用意します。

使い方

1 日常生活（荷物整理や着替えなど）に教師の一対一の関わりや支援が必要な子ども向けに作成しました。

2 教師が日課帳の日にち欄にあらかじめ記入します。取り組めたもののシールを子どもが上から貼ります。

3 記入が終わったら、教師に報告します。

4 教師の確認を受けた後は、ファイルやケースに綴じ込みます。

 ●書字に困難がある子ども用に、シールを貼って教師に報告する方法にしました。

教材の活用を通して

日課帳を通じて、家庭と学校で子どもがどこまで取り組むことができているかなどを確認し合う材料にします。

先月より係の仕事をがんばっていますね！

ほんとですね

15 登校日・休校日 ポケットカレンダー

ねらい

◆日付けや曜日など、カレンダーの意味を理解し利用できるようにします。

◆カレンダーを利用して、見通しをもって生活できるようにします。

材料

ビニールポケットカレンダー
色がついた無地のクリアケース（切る）

作り方

1

ビニールポケットカレンダーを利用します。

2

ポケットに差し込むカードは、クリアケースを8cm × 5.5cm に切って作ります。
カードの色は、学級の状況に応じて適宜選びます。

＊（株）シーガル：03-6272-9480　https://seagull-calendar.com/vinyl-pocket/

1 下校前に、その日のポケットに緑色のカードを差し込みます。

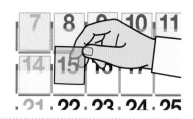

2 学校が休みの日のポケットには、前もってピンクのカードを差し込みます。

3 カレンダーを見て、いつが登校日でいつが休みなのかが色でわかりやすくなります。

 ● 登校日と休校日がわかりやすいようにカードの色を変えます。

教材の活用を通して

登校日と休校日を分けることで、登校した日数を視覚的に把握することができるので、一人ひとりに応じたふり返りの手立てになります。カード差し込みを日直の役割にすると積み重ねができ、子ども同士の関係性を育むことにもつながります。

16 予定カードで行事がわかる カレンダー

ねらい

◆日にち、曜日と行事などを関連付け、見通しをもつことができるようにします。
◆1カ月のおおよその予定がわかるようにします。

材料

ビニールポケットカレンダー
色がついた無地のクリアケース（切る）

作り方

1
ビニールポケットカレンダー（シーガル社製）を使います。

2
ポケットに差し込むカードは、クリアケースを 8cm × 5.5cm に切って作ります。

3
イラストや文字で予定カードを作り、色のついたカードの上にテープなどで貼ります。

4
行事がある日にちにそれぞれのカードを差し込みます。

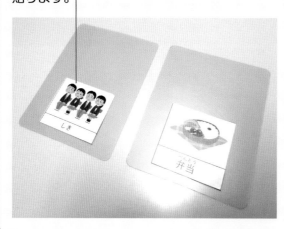

1 事前に月のポケットに予定カード（青色）、休日カード（ピンク色）を差し込みます。

2 お弁当が必要な日や、学年ごと・全校の行事などをイラストカードにして、その日のポケットに入れます。

3 前日の帰りの会で、予定カードを確認し、「明日は何がありますか？」とクラスの子どもたちに聞きます。

4 下校前にその日のポケットに、終わり用のカード（緑色）を差し込み、下校します。

 ● 「○月○日に○○○がある」などと確認します。

教材の活用を通して

事前に行事等のカードを作っておくと便利です。教師と子どもが予定を一緒に確認することで見通しをもつだけでなく、子ども同士で教え合うなど主体的な生活を送るための一つの手立てになります。

17 天気と行事を記録するカレンダー

ねらい

◆その日の天気を記録することで、ふり返りにつなげます。

◆天気と日にち、曜日、行事などを関連付け、見通しをもつことにつなげます。

◆1カ月のおおよその予定がわかるようにします。

材料

ビニールポケットカレンダー
色がついた無地のクリアケース（切る）
天気マーク（イラスト・文字）

作り方

1

ビニールポケットカレンダー（シーガル社製）を使います。

2

ポケットに差し込むカードは、クリアケースを 8cm × 5.5cm に切って作ります。

3

天気マーク、行事のカードを作ります。

1. 曜日のカードにその日の天気マーク
を貼ります。

2. ポケットに行事カードを差し込みます。

3. 天候によって活動が変わる場合も使えます。

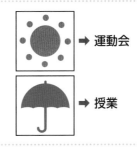

　→ 運動会

　→ 授業

 ●天気を確認をした後、該当するカードをカレンダーに差し込む方法もあります。

教材の活用を通して

遠足や運動会など楽しみな行事までの天気を記録したり、天気の移り変わりなどをふり返ったりできます。家で天気予報をチェックすることで、自分自身の生活や持ち物と天気を関連付けて考える機会にもなります。きのう―きょう―あしたの時間と天気をむすび付けた時間の流れの理解が深まります。

18 朝・帰りの支度がわかる手順表

ねらい

◆手順がわかり少ない支援で身支度ができるようにします。
◆必要に応じて手立てを活用しながら身支度ができるようにします。

材料

A3 や A4 用紙

作り方

1

朝と帰りの支度に必要な文字とイラストを作ります。

2

各項目に順番を付けます。

3

パソコン（ワード）で手順表を作ります。
➡コピー用 123・124 ページ

4

提示するスペースに応じてＡ４やＡ３で印刷します。

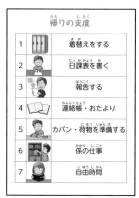

朝の支度

1		連絡帳などを提出する
2		カバン・荷物を片付ける
3		着替えをする
4		日課表を書く
5		報告する
6		クリアケースに入れる
7		自由時間

使い方

1 朝と帰りの支度の時間になったら、手順表を黒板に提示します。

2 手順を見ながら1つひとつの作業にとりかかれるように声かけします。

 ● 子どもの状況に応じて「つぎは何かな？」「そうだね。よくできたね」「つぎもやってみようか」など励ましながら取り組みます。

教材の活用を通して

子どもの状況によって取り組みやすい手順に変更します。はじめは教師が子どもと一緒に手順表を見ながら取り組み、次第に子どもだけで身支度するようにしていきます。終わった後には「できたね」「前より早くなったね」などのフィードバックもていねいに行うことが大切です。

19 男子の着替え手順表

朝の着替え

		はじまり
①		ブレザーをハンガーにかける
②		ネクタイをかける
③		ワイシャツをハンガーにかける
④		体操着（シャツ）を着る
⑤		ズボンをハンガーにかける
⑥		体操着（ズボン）を履く
⑦		おわり

帰りの着替え

		はじまり
①		体操着（シャツ）を脱ぐ
②		ワイシャツを着る
③		体操着（ズボン）を脱ぐ
④		制服（ズボン）を履く
⑤		ネクタイをしめる
⑥		ブレザーを着る
⑦		おわり

ねらい

◆必要な手立てを手がかりに身支度ができるようにします。
◆着替えの手順を統一することで、支援を一定にできるようにします。

材料

A3 用紙　ラミネーター
マグネット

作り方

1
着替えの流れに沿って、手順表に入れる文字とイラストを作ります。

2
朝と帰りのそれぞれの手順表を作ります。

3
パソコンで手順表を作ります。

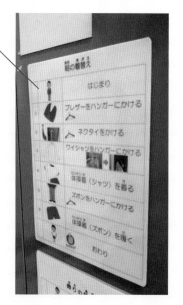

4
提示する場所に応じたサイズで印刷します。

5
ラミネート加工し、裏面にマグネットを付けます。

＊男子更衣室のロッカーなど着替えの妨げにならない場所に提示します。

1 手順表を確認しながら着替えます。
（本人が自分で取り組めているようなら、見守ります）

つぎはぬいだものを
片づけよう

2 子どもの状況に応じて、教師が一緒に手順を確認しながら声をかけます。
「つぎは⑤だよ」「できたね。つぎは何かな」などと肯定的に関わります。

3 チェック表を使って身だしなみを確かめるようにします。

朝の着替え

		はじまり
①		ブレザーをハンガーにかける
②		ネクタイをかける
③		ワイシャツをハンガーにかける
④		体操着（シャツ）を着る
⑤		ズボンをハンガーにかける
⑥		体操着（ズボン）を履く
⑦		おわり

4 達成できたら、「それでいいよ」など肯定的なフィードバックをします。

教材の活用を通して

着替えの手順にこだわりがある場合、大切なのは子どもの手順を受け止め、混乱なく進めていくことです。保護者と相談をして、こだわりを尊重する箇所、今後の生活を考えた時に手順を変える必要がある箇所を見極めます。家庭と学校が連携して、子どもの育ちをサポートする際の手がかりにします。

20 女子の着替え手順表

朝の着替え

①		体操着入れをたたみ ロッカーに仕舞う
②		リボンをかける
③		ブラウスをハンガーにかける
④		体操着（シャツ）を着る
⑤		体操着（ズボン）を履く
⑥		スカートを脱いで ロッカーにしまう
⑦		身だしなみを確認する ①シャツはズボンに仕舞ってあるか ②靴下をちゃんとはいているか

帰りの着替え

①		体操着（シャツ）を脱ぐ
②		ブラウスを着る
③		スカートを履く
④		体操着（ズボン）を脱ぐ
⑤		リボンをつける
⑥		ブレザーを着る
⑦		体操着をたたみ 体操着入れに仕舞う

ねらい

◆ 必要な手立てを手がかりに身支度ができるようにします。

◆ 着替えの手順を統一することで、子どもと教師が協働して着替えに取り組むことができるようにします。

◆ チェック表を使いながら身だしなみを確認させ、整えさせます。

材料

A3用紙　ラミネーター　マグネット

作り方

1 着替えの流れに沿って、手順表に入れる文字とイラストを作ります。

2 朝と帰りのそれぞれの手順表を作ります。

3 パソコンで手順表を作ります。

4 提示する場所に応じたサイズで印刷します。

5 ラミネート加工し、裏面にマグネットを付けます。

朝の着替え

①		体操着入れをたたみ ロッカーに仕舞う
②		リボンをかける
③		ブラウスをハンガーにかける
④		体操着（シャツ）を着る
⑤		体操着（ズボン）を履く
⑥		スカートを脱いで ロッカーにしまう
⑦		身だしなみを確認する ①シャツはズボンに仕舞ってあるか ②靴下をちゃんとはいているか

＊更衣室のロッカーなど、着替える時に確認しやすい場所に提示します。

1 手順表を確認しながら着替えます。着替える順番にこだわりがあったり、あまり適切ではない手順で着替える場合には、教師と一緒に手順表を確認しながら行います。

2 「きちんと」などの表現は、あいまいで伝わりにくいため「靴下をひざまであげる」など、具体的な指示をします。子どもの着替え、身だしなみのチェックは、同性の教員が行います。手順表を改変する際も相談することが必要です。

3 チェック表を使って身だしなみを確かめるようにします。

 ● 「つぎは⑤だよ」「できたね。つぎは何かな」などと肯定的に関わります。

> **教材の活用を通して**
>
> 本人の手先の器用さや身体の動きなど、実態や教育的ニーズも踏まえながら、自分で気づきやってみようという思いをもつことにつながるような「ポイント」を伝えていくことに気を付けます。
> 留めやすいボタンの大きさにする、ボタンではなくファスナーにする、また必要な部分は支援者に「手伝ってください」と言って支援を求めることができるようにするなど、本人の無理のないような環境を作ります。

21 入浴手順表

おふろのはいりかた

1	ふく を ぬぐ	
2	かお を あらう	
3	あたま を あらう	
4	からだ を あらう	
5	ゆぶね に はいる	
6	からだ を ふく	
7	ふく を きる	
8	かみ を かわかす	

ねらい

◆〈児童〉入浴の手順がわかり自ら取り組むようにします。

◆〈教員〉入浴の具体的な手順について、言葉・文字・イラストを使いながらわかりやすく伝えます。

材料

A3 用紙　ラミネーター

作り方

1
パソコンで手順を箇条書きにした説明文とイラストを組み合わせて作成します。
➡コピー用 125 ページ

2
『自閉症の子どもたちの生活を支える―すぐに役立つ絵カード作成用データ集 CD-ROM付き』(藤田・和田・今本,2012)のイラストを活用。

3
一行あたり一つの課題になるように文字とイラストで表記します。

4
ラミネート加工します。

おふろのはいりかた

1	ふく を ぬぐ	
2	かお を あらう	
3	あたま を あらう	
4	からだ を あらう	
5	ゆぶね に はいる	
6	からだ を ふく	
7	ふく を きる	
8	かみ を かわかす	

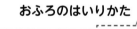

使い方

 1 宿泊学習の事前学習で入浴について説明する時に、手順表を使って具体的な流れを説明しました。

2 宿泊学習当日には脱衣場や風呂場など、活用しやすい場所に掲示しておきます。

3 子どもたちと手順表を見ながら取り組むようにしました。

💡● 文字表記（ひらがな、漢字、読みがな）は使う子どもたちのニーズに応じて変更します。

教材の活用を通して

お風呂は家庭以外で経験することが少ないので、家庭ごとにさまざまな手順があり他の人から教わる機会もなかなかありません。学校の学習活動として、全員が共通の手順を共有することで公共の入浴マナーやルールを守りながら、気持ちよく場を共有することにつなげるための一つのツールとして有効でした。

22 ▶ 歯みがき手順カード

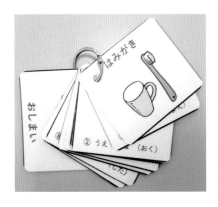

ねらい

◆歯みがきの手順を視覚的に捉え、自ら取り組みます。

◆複数の教師が同じ手順で支援・指導できるようにします。

材料

ラミネーター　歯みがきのイラスト
カードリング　穴開けパンチ

作り方

1

歯みがきの手順ごとにイラスト・文字を入れ1ページにつき、1つの工程を作成します。

➡コピー用 126 ページ

2

印刷しラミネートをかけた後、1つひとつの動作ごとに切り分けます。

3

カードの四隅を丸く加工し、パンチで穴を開けます。

4

最初から最後までの手順を1セットにしカードリングで留めます。

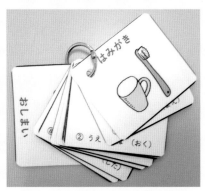

1 使用する場所や環境に応じて、使いやすい形式を選びます。カードリング式は教師が携帯し、掲示式は歯みがきをする洗面台などの周りで貼ることができる場所に貼っておくとよいでしょう。

2 教師が手に手順表を持ちながら、子どもと一緒に歯みがきの手順を確認します。はじめて取り組む時は指差しながら支援するとスムーズです。

3 手順カードを手がかりに自分だけで歯みがきをすることができるように、段階的に支援を減らしていくようにします。

教材の活用を通して

歯みがきを指導する時には上下、左右、前後、表裏など位置を示す表現を使います。この手順表は位置を表す言葉を「うえ・した」「おく・はんたい」「まえ・うしろ」と比較的シンプルな手順でわかりやすく取り組むことができるように配慮しました。また、同じものを共有すれば複数の支援者が指導方法を統一することができます。教えてくれる人（支援者）が代わっても同じ手順で安心して取り組むことができます。

右から左方向に進む手順表でA4横サイズで作成したもの

一連の課題を上から下方向に進む手順カードを並べたもの

歯みがきの一連を円状にしたもの。手順表は割鋲で留めてあるので回転して今どこなのかを確認することができる

23 日課帳を提出するケース

ねらい

◆自分で日課表をとじたファイルを提出できるようにします。
◆自分のものを管理したり、友だち同士で教え合うことができます。

材料

たて置き型のファイルケース
ファイル　子どもの顔写真

作り方

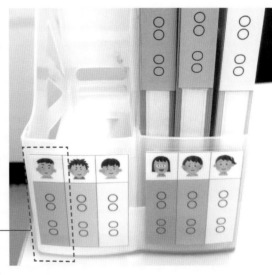

1

ケース（ファイル立て用）とファイルを用意します。

2

パソコンでラベル（子どもの顔写真と氏名）を2セット作ります。

3

ラベルをケースとファイルに貼ります。

1　子どもが提出しやすいように、ファイルケースを教卓に置いておきます。自分の写真と名前が表示された位置をよく見て、正しい位置に日課表ファイルを提出するように促します。

2　登校したら、日課表を書き、ファイルにとじます。自分のラベルが貼ってあるファイルケースに日課表ファイルを入れ、提出するようにします。

3　下校の支度の時間も同じように、自分の日課表ファイルをファイルケースに収めます。

💡 ● 正しくできた場合には確認したことをフィードバックし、間違っていた時には確認を促す言葉かけをします。

教材の活用を通して

Ａくんはファイルの順番にこだわりをもっています。友だちが提出した後にわざわざ教卓にあるケースのところまでやってきて、自分の思い通りの並びになるよう、いつもファイルを並べ替えていました。一見すると個人的な「こだわり」ですが、クラスのルールにすることで、ケースと日課表ファイルがきちんと対応するように管理（整理整頓）する役割がクラスの中で自然と生まれるようになりました。「Ａくん、ありがとう」「またやってくれてたんだね」など、友だち同士でこだわりをよさとして認め合いながら言葉かけする姿が見られるようになりました。

24 提出物ケース

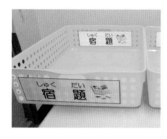

ねらい

◆自分で提出物を指定されたケースに入れられるようにします。

◆分類ラベル（文字やイラストなど）を見て、間違いなく分類できるようにします。

◆担任が提出物や連絡帳の管理などをスムーズにできるようにします。

材料

A3 用紙　ラミネーター　テープ　カゴ型の書類ケース

作り方

1

パソコンで分類ラベルを作ります。
➡コピー用 127 ページ

2

分類ラベルは提出物の名称（連絡帳、提出物、宿題など）を書き、アイコンになるイラストを作ります。

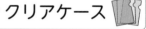

3

印刷、ラミネート加工をしてテープなどでケースに貼ります。

＊見やすいように内側と外側両方に貼ります。

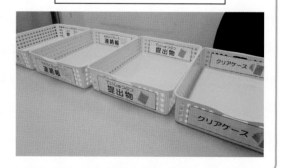

1 登校した後、身支度の際に連絡帳など
をそれぞれのケースに提出させます。
写真はすべて緑色のケースですが、
クラスによっては提出物ごとに色分
けしておくことも有効です。「連絡帳
は赤に入れてね」「宿題は緑だよ」と、
色を一つの手がかりにします。

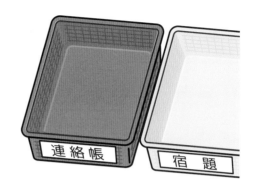

2 下校の支度の際、自分でケースから
家に持ち帰るものを取り出し、バッ
グに入れさせます。

3 教師の言葉かけ（「ここに連絡帳を出してください」）に頼らない環境作り
を目標にします。はじめは教師が1対1で確認しますが、子ども自身が自
分で手がかりを頼りに、提出物の分類、持ち帰りができるようになってい
きます。

💡 ● 分類ラベルを見分けて提出できる子、友だちが提出した物と同じ物を同じところに提出で
きる子などさまざまです。支援のしかたをさまざまに変えながら、日課を積み重ねていき
ます。

教材の活用を通して

登校後に子どもたちが提出する物はさまざまです。連絡帳、宿題、その時々
の提出書類など管理が煩雑です。あらかじめ種類に応じてケースを準備し
ておくことで、後から教師が分類する時間と手間が省けます。その分、必
要な子どもへの支援や連絡帳の確認などに時間を有効活用することがで
きます。

25 短いスケジュールカード

ねらい

◆ 短い活動の流れがわかり、見通しをもって活動に参加できるようにします。
◆ 予定を決め課題に取り組めるようにします。

材料

色画用紙　ラミネーター
マジックテープ　穴開けパンチ

作り方

1
画用紙などで緑色と赤の縦長のボードを作ります。

2
ボードをラミネート加工します。

3
ボードにマジックテープ（凸面）を貼ります。

4
緑色のボードに「よてい」、赤色のボードに「おわり」のラベルを貼り付けます。

5
ボードにパンチで穴を開け、ひもを通します。

6
予定一覧表をエクセルなどで作ります。

7
予定一覧表をラミネート加工して、項目ごとに切り予定カードにします。

8
予定カードの裏面にマジックテープ（凹面）を貼ります。

9
子どもの手指の巧緻性によっては、予定カードをのりつきパネルに貼ります。

1 教室に掲示した時間割だけでは、学校生活の流れが理解できない子どもがいます。活動をはじめる前に、3つ先までの予定を提示します。

2 3つの予定カードを子どもと一緒に確認し、活動をはじめます。

3 活動が終わった時に、「よてい」から「おわり」のボードにカードを移します。

* 「がんばった」「できた」と自分を肯定的にふり返る機会につなげるようにします。

● 「つぎは○○だよ。それが終わったら○○。最後に○○（子どもの好きな活動）ができるよ」と、言葉とカードを使って見通しをもつことができるように支援します。

教材の活用を通して

3つ先の予定カードのみを提示しました。数が少ないので、一つひとつのカードや活動に注意が向きやすくなります。すべてのカードが早く「おわり」の方に移り変わるので達成感もあり「もう少しがんばろう」と意欲をもつことにもつながります。「最後までがんばれたね」と一緒にふり返りをした後に、少し休憩をしてから、またつぎの活動カードを並べて提示します。その繰り返しの中で、達成感を積み重ね、自信を深めることができます。

26 ▶ 1日のスケジュールカード

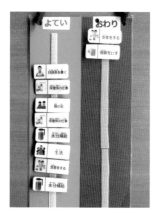

ねらい

◆1日の予定や活動の流れの見通しをもてるようにします。
◆安心して活動に取り組めるようにします。
◆活動の進捗状況がわかるとともに、何をがんばったのかふり返ることができるようにします。

材料

色画用紙　ラミネーター　マジックテープ
穴開けパンチ

作り方

1
画用紙などで緑色と赤の縦長のボードを作ります。

2
ボードをラミネート加工します。

3
ボードにマジックテープ（凸面）を貼ります。

4
緑色のボードに「よてい」、赤色のボードに「おわり」のラベルを貼り付けます。

5
ボードにパンチで穴を開け、ひもを通します。

6
予定一覧表をエクセルなどで作ります。

7
予定一覧表をラミネート加工して、項目ごとに切り予定カードにします。

8
予定カードの裏面にマジックテープ（凹面）を貼ります。

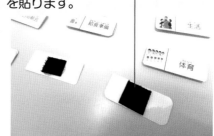

9
予定カードを入れておく箱を用意します。

1 前日のうちに、翌日の子どものスケジュールに合わせて予定カードを貼っておきます。

2 当日、活動が終わるごとに、子どもが「おわり」の方に予定カードを移動します。
具体的な活用がわかるまでは、支援者と一緒に「よてい」から「おわり」にカードを移すようにし、段階的に支援を減らしていくようにします。

3 今はどの活動なのかを確認したり、よくできた活動を一緒にふり返ります。

💡 ● 時間割だけでは見通しが十分でなく、個別の予定表が必要な子どももいます。使い方がわかると、自分で時間割を確認しながらスケジュールを組み立てることも考えられます。

教材の活用を通して

予定カードを作る際、1日分、午前・午後、授業ごとなど、予定カードの枚数をどの程度にするのか、十分検討する必要があります。成功体験を積み重ねながら、予定カードを段階的に増やしていけるようにスモールステップで活用していきます。

27 校外学習用 スケジュール表

ねらい

◆運動会や校外学習などに見通しをもち、安心して活動に取り組むことができるようにします。
◆活動のふり返りを通して、達成感や自己肯定感を実感させます。

材料

A3 用紙　ラミネーター　カードリング　シール
穴開けパンチ

作り方

1
パソコンでスケジュール表を作ります。

2
活動項目を文字やイラスト、写真などで表します。

3
活動項目をスケジュール表に貼り付けます。

4
印刷して、ラミネート加工します。

5
使いやすい長さに切って、1枚ずつの活動カードにします。

6
活動カードにパンチ穴を開け、カードリングでまとめます。

1 手持ちのバッグなどにスケジュール
表を付けて持ち歩きます。

　＊電車やバスに乗っている時などいつでも確認
　　できます。

2 活動が終わるごとに、活動のイラス
トの上にシールを貼ります。

　＊おわりが視覚的にわかります。

3 「○○が終わったね」「よくできたね」
など、ポジティブな言葉をかけます。

よくできたね

●カードを子どもが持つか、教師が管理した方がよいかは、子どもの状況と活動内容を踏ま
えて決めます。

教材の活用を通して

学校生活に慣れている子どもも校外での活動になると、不安で落ち着かな
くなったりすることがあります。確認できるスケジュールカードがある
と、自分から確かめて前向きに活動に参加することにつながります。子ど
もが自分でスケジュールを確認できる環境を整えることが重要です。

28 校外学習・昼食注文カード

ねらい

◆校外学習の昼食時に少ない支援で注文ができる
◆言葉かけだけでなく、文字や写真などの具体的な
ツールを使って様子に応じて支援するようにします。

材料

A4 用紙　ラミネーター

作り方

1
パソコン（ワードやエクセル）で作成します。

2
事前学習で一人ひとりの食べたいメニューを聞き取ります。

3
聞き取った内容をもとにカードを作ります。

4
枠線に沿って切り取り、ラミネート加工をします。

1 校外学習の昼食時に子どもにそれぞれのカードを配ります。

2 カードをもとに店員に自分で注文します。迷ってしまう子、伝え方がわからない子もカードを見ながら注文することができました。

3 教師は様子に応じて支援します。

💡 ●セリフだけでなく、写真や、パッケージデザインがあることで自分で伝えやすく、積極的にやりとりをする姿も見られました。

> **教材の活用を通して**
>
> 事前学習では実際のメニューを見ながら、自分で食べたい物を選択するようにしました。事前学習を踏まえて、このカードを作ったことで、校外学習当日、どの子も自分から注文してみようとする積極的な姿が見られました。

29 気持ちと体調を見える化するカード

ねらい

◆自分の状態（気持ちや体調）を客観的に捉えられるようにします。
◆カードを使って教師に支援を求められるようにします。

材料

A4用紙　ラミネーター　穴開けパンチ
カードリング

作り方

1
さまざまな場面を想定して、気持ちや状態を表す文字とイラストを考えます。

2
パソコンでカードを作ります。
➡コピー用128ページ

3
両面印刷するか、貼り合わせてラミネート加工します。

4
切り離して1枚のカードにします。

5
活動カードにパンチ穴を開け、カードリングでまとめます。

1 校外で活動する時には身近な場所に提示したり、バッグなどに付けて持ち歩きます。

2 学校生活の中で、疲れていたり少し落ち着かない様子が見られたりした時に教師が「どうしたの？」と言葉をかけながら、カード使って今の調子を一緒に確認します。

＊慣れてきたら、自分で使えるように段階的に支援します。

ねむいの？

3 本人の調子に応じて「どうしようか？」と具体的な対処法を考えるように聞き返します。また「○○をしてみる？それとも△△？」と選択肢を提示して具体的な対処方法を考え経験を積み重ねます。

4 教師が子どもに「きちんと言えたね」「自分でできたね」などがんばりを具体的な言葉でフィードバックします。子どもの自信や意欲を育むことがポイントです。

 ●子ども・教師の両方が持っていると便利です。

教材の活用を通して

疲れた・のどが渇いたなど、そのときどきの状態を感じることはできても、周囲に伝えられない子どもたちのために作りました。「のどが渇いた」と指でカードを指しながら周囲に伝えます。「よく気づけたね。水を飲んでちょっと休憩しようか」とやりとりして、子どもが気持ちを切り替えてつぎの活動に向かえるように活用します。

30 コミュニケーションカード①

ねらい

◆健康管理を視覚的にし、子どもの意思を確認します。
◆本人が自分の思いを伝えたり支援者が本人の思いを受け止め
やすくしたりします

材料

A3用紙　ラミネーター　穴開けパンチ　カードリング

作り方

1
パソコンで文字やイラストを入れた行動
のカードを作ります。➡コピー用129ページ

2
印刷して、ラミネート加工します。

3
切り離してカードにします。

4
上部に穴を開けて、カードリングを通
します。

1 バッグなどに付けて教師や保護者が携帯します。

2 「トイレに行きますか？」などとイ
ラストを指しながら子どもに声かけ
し、子どもの指さしなどで意思を確
認します。

3 カードを使って意思表示できた時に
は「できたね」「伝えられたね」と
確認します。

4 学校で使っていたカードと同じものを家庭で使ってもらいました。保護者
とのやりとりがよりスムーズになったそうです。

💡 ● カードを指さすことにこだわるのではなく、まずは「伝わった」「できた」といった達成感
を積み重ねることが重要です。

教材の活用を通して

口頭だけで説明を受けるよりも、文字・表・イラストなどをもとに説明
された方が、より相手の話を理解しやすくなります。コミュニケーショ
ンカードで、わかりやすく具体的に伝えることができました。また、「ト
イレ」と言っても小便器もあれば大便器もあります。より具体的なイラ
ストがあることで、本人がどちらかを選択し、指さしで教師に伝えてく
れる姿も見られました。
このカードは、保護者からのニーズもあり、家庭での活用にもつなげるこ
とができました。

31 コミュニケーションカード②

ねらい

◆自分の思いに対応する適切な意思表示ができるようにします。
◆意思表示カードを活用することで子どもの意思を確実に理解し、複数の支援者が同じ支援方法になるように配慮します。

材料

A3用紙　ラミネーター　穴開けパンチ
カードリング

作り方

1

パソコンで意思表示カードを文字やイラストで作ります。
具体的なセリフを付けます。
➡コピー用130ページ

	「お茶を飲んでも良いですか？」
	「お茶をください。」
	「おかわりをください。」
	「トイレに行ってもいいですか？」

2

印刷して、ラミネート加工します。

3

適当な数で切り離してカードにします。

4

上部に穴を開けて、カードリングを通します。

5

机の右上に貼って、いつでも使えるようにしておきます。

1 　自分の状態がわかっても、どのように伝えればよいのかわからず、困ってしまう子がいます。「相手に何と言えばよいのか」を視覚とセリフでいつでも確認できるようにこのカードを用意しました。

　＊実際のサイズは名刺くらいのサイズで、机の右隅に貼ってあります。

2 　「のどがかわいた時には、ここを見て」と言いながらカードの該当箇所を指さして声をかけます。

3 　「きちんと言えたね」「自分でできたね」など、子どものがんばりを具体的な言葉でフィードバックをします。

💡 ●カードの使い方に慣れるまでは支援者と一緒に使うようにします。自分で活用できるように、「何て言えばいいのかな」「カードを見てみよう」などとていねいに関わります。

> **教材の活用を通して**
>
> Cさんは心配なことや不安なことに対して、相手に伝えることに強い苦手意識がありました。カードを自分の机に貼っておくことで、いつでも確認できるように配慮しました。
>
> カードを何度か使うようになってから、Cさんは休憩時間になると自分から「お茶飲んでもいいですか？」と聞くようになりました。机のカードを見てから、心の準備をして伝えていたのかもしれません。このように、教材には「これがあれば大丈夫」と子どもたちの安心感や自信を育んでくれるお守りのような使い方もあります。

32 好きなのどっち？ カード

ねらい

◆ 自己選択・自己決定を行います
◆ 自分と相手の「好き」という思いを共有します
◆ 相手の話を聴く姿勢を意識します

材料

A4 の紙　またはカード（市販）

作り方

1

共通点をもつ生き物や食べ物などをイラストと文字で左右に並べます。

2

子どもたちの関心に合わせて数種類作ります。

1 4、5名くらいのグループを作ります。その際、自己表現がむずかしい子がいれば支援者もグループに入ります。

2 はじめる前に、ルールや大切にしてほしいことを全体で確認します。スライドを使って視覚情報を補いながら子どもたちに伝えるようにしました。
説明中、支援者はモデルとして振る舞います。

3 うまく伝えられなかった姿よりも、自分のことを話せたり、相手の話をよく聴けたりできた姿に対して、ポジティブな声かけをします。

教材の活用を通して

温かな雰囲気に満ちたグループで、安心してコミュニケーションを経験できることが大切です。そのために、支援者も本人の思いを尊重し、答えられない時は「パスをしてもいいよ」などと言葉かけします。相手の話をよく聴いている子どもには、「素敵だね」「きちんと聞いていてすごいね」などの言葉を通して『先生はあなたのことも見ているよ』とメッセージを送りましょう。

発売元：tobiraco

33 リアクションボード

ねらい

◆「すきなのどっち？」をする時に、話し手へのリアクションの手立ての一つにします。
◆相手がわかるようにリアクションを示します。

材料

うちわ（小）

作り方

1
うちわにおさまる大きさのイラストと文字を印刷します。

2
うちわに貼ります。表・裏両面同じイラストを配置してもいいですし、異なるイラストを入れて応用してもよいでしょう。

1 一人1枚ボードを配ります。使うかどうかは個人にまかせます。

2 32 で友だちが好きな理由を説明し終わった
時、自由にボードをあげて使います。

3 中には、ボードを握ることが集団への参加に
対して安心感をもつためのツールになってい
る子もいました。

教材の活用を通して

相手の話に対してわかるようにリアクションをすることは、豊かなコミュ
ニケーションのために重要なことです。「相手が話をしている時、静かに
はしているけれど本当に聴いているのかな？」「聞くことに集中できてい
ない様子だな〜」と感じ、話を聴く態度がわかるような工夫が必要だと思
いました。その1つがこのリアクションボードです。

相手を見てボードを示したり、話し手にじっと注目したりする手立てが
あった方が、聴く姿勢が高まったことを実感しました。また、話し手も視
覚的に反応があることで「私の話を聴いてくれている」という安心感が生
まれます。

34 ごみ分別ラベル

ねらい

◆文字やイラストを手がかりにしてごみを分別して捨てることができるようにします。
◆燃えるごみを収集する係、紙ごみを収集する係など、役割活動につなげます。

材料

A3 用紙　ラミネーター

作り方

1

ごみ分別の方式に添ってラベルを作ります（もえるごみ、もえないごみ、紙など）3種類を考えます。

2

パソコンでイラストと文字のラベルを作ります。➡コピー用 131 ページ

3

ラミネート加工し、それそれのごみ箱に貼ります。

＊見やすいように内側と外側両方に貼ります。

1 分別ルールに沿ってごみ箱にラベルを貼ります。

2 それぞれの箱にごみを分別するように声かけします。

燃えるからあのごみ箱だよ

3 ごみ分別のしかたをわかりやすく表示することで、掃除係の活動がスムーズになります。友だち同士で「燃えるごみは赤だよ」「燃えないごみは青のごみ箱」など、相手に具体的な言葉かけをする姿が見られるようになりました。

●子どもがラベルという手立てを利用して、主体的にそうじに取り組むことにつなげます。わかりやすい表示が環境整備のポイントです。

教材の活用を通して

ごみ分別ラベルの他にも、教室環境のさまざまな工夫が考えられます。ごみ箱を置く場所が毎回バラバラにならないように、床面にビニールテープで定位置がわかるよう表示しておくことなどもあります。この他にも、自分で机の位置がわかり元の状態に戻せるようにテープやシールで床面に目印を貼っておく、発表する時に立つ位置がわかるように、足型マットを用意するなど、その時のクラスのニーズに応じて教室環境を整えたり改善したりしていくことが声かけ以外の支援になります。

35 移動ルートを確認する 駅名カード

ねらい

◆電車で移動する時に見通しをもち、安心して利用できるようにします。
◆校外学習の移動時にも利用します。

材料

A3 用紙　ラミネーター　穴開けパンチ
カードリング

作り方

1

乗車する駅、乗り換える駅、降車する駅を複数選定します（移動ルート、活動目的に沿って主要な駅を選定します）。

2

駅名と写真をパソコンに取り込みます。

＊写真は新宿駅から高尾山口駅までのもの。

3

印刷し、ラミネート加工します。

4

1 枚のカードにして、パンチ穴にカードリングを通します。

1 駅名カードをバッグなどに取り付けます。
＊持ち運びしやすいような作りにします。

2 駅名を自分で確認したり、教師が話しかけたりします。「ここは○○駅だね」「あと２つで終点だよ」などのやりとりをします。
＊見通しがもちにくく不安で落ち着かない状況でも、このカードがあることで安心して移動することができます。

あと２つで
のりかえだよ

いま
○○えきか

3 通過した駅にシールを貼ると、目的の駅までの見通しがつきます。
＊電車が好きな生徒は、駅名カードをとても気に入り、周囲に駅名を案内しながら主体的に使う様子が見られました。

- 子ども・教師の両方が携帯すると便利です。
- 全通過駅を提示すると、とても情報量が多くなります。見やすさ・わかりやすさも考慮し、数駅をピックアップして作成しました。

教材の活用を通して

電車・バスなどでの移動時間が長くなると、見通しがもてず不安な気持ちになる子がいます。「あと○分で着くよ」で納得できる子どももいれば、より具体的な手立てが必要になる子どももいます。駅名カードは自分で駅をチェックしたり、友だち同士で確認する手立てにもなります。

36 準備から報告まで使える作業日誌

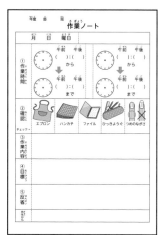

ねらい

◆作業時間や持ち物などを確認して見通しがもてるようにします。

◆作業日誌の記入や教師への報告を通して、1日の作業の内容をふり返るようにします。

材料

A4 用紙

作り方

1

日にち、作業時間、持ち物などの記入事項に応じて作成します。

➡コピー用 132 ページ

2

パソコンで作業表を作り、人数分印刷します。

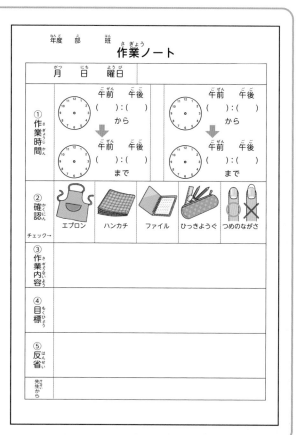

1 教師が全体に活動の内容、時間配分などを確認します。

2 班長が班員に作業表を配ります。
①の作業時間から④の目標までを記入します。

3 記入後は教師に「できました」と言って報告し、確認します。

4 作業学習に取り組みます。

5 作業が終わった際、⑤の反省の欄に記入します。記入後は、教師に報告し、コメント欄に記入してもらいます。

できました

💡 ●「教えてください」「できました」など、自分から報告することにていねいに取り組むことが大切です。書字に困難がある子どもには、文字や数字を書いたシールを渡し、記入する代わりに貼るようにします。

教材の活用を通して

作業時間は時計の文字盤に針を書くことで時間の見通しをもって取り組むことができるようにしました。作業表に記入することで、服装を確認する力、用具を管理する力、段取りや時間配分などの確認など、作業にアプローチする力を付ける手立てとして活用できます。

37 作業報告カード

ねらい

◆指示の内容を理解し、適切なタイミングで報告できるようにします。

◆報告や相談など、状況に応じて自分からできるようにします。

材料

A4用紙　クリップボード

作り方

1

日にち、氏名、報告内容、先生からなど、カードの項目を考えます。

➡コピー用 133 ページ

2

パソコンでＡ４サイズ２面付けの報告カードを作ります。

3

印刷したものを裁断し、Ａ５サイズにします。

4

クリップボードに留めます。

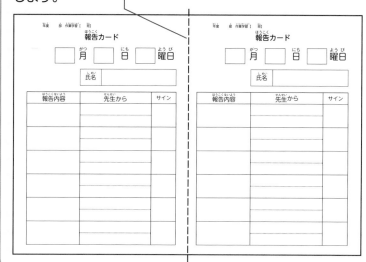

1 作業報告カードを作業班の班長から班員に配ります。

2 日にちと氏名を記入します。
＊書字が苦手な生徒には、文字や数字が書かれたシールを貼るように伝えます。

3 作業学習に取り組みます。開始時に何をするのか、どのタイミングで報告に行くのかを教師から説明します。

4 報告を受けた教師は、「先生から」の欄に評価などを書き、サイン欄にシールを貼って返します。

相談できたね

💡 ● 作業開始前に、作業の全工程を示します。適切なタイミングで報告したり自分から相談したりした際などには、積極的に評価します。

教材の活用を通して

指示とは無関係に自分のペースで取り組む子どもがいます。教師から個別に声かけするのではなく、自分から報告や相談ができるようになってほしいと思い、報告カードを作りました。子どもが自分から報告・相談できるようになったら、段階的に利用を減らしていきます。
進んで報告する先輩の姿や教師から肯定的なフィードバック（「〜なところがよくできていますね」など）を受けている友だちの姿を見て、班全体に、自分で気づき進んで報告しようとする積極的な姿勢が見られるようになりました。

38 作業内容を報告する出来高表

ねらい

◆課題や製品が完成した際、教師に報告します。
◆取り組んだ課題の量を視覚的にふり返ることができるようにします。

材料

A4用紙　クリップボード　シール

作り方

1
氏名、製品名、個数など、表の項目を考えます。

2
パソコンでＡ４２面付けの報告表を作ります。
➡コピー用 134 ページ

3
印刷したものを裁断し、Ａ５の表にします。

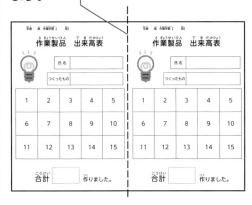

4
クリップボードに留めます。

5
個数をチェックするシールを用意します。

1 作業班別の活動時に、班長から班員に配布します。

‥‥‥‥‥‥‥‥‥‥‥‥‥‥‥‥‥‥‥‥‥‥‥‥‥‥‥‥‥‥‥‥‥‥‥‥‥

2 各自、表に氏名を記入します。
＊書字が苦手な生徒には、文字や数字が書かれたシールを貼るように伝えます。

‥‥‥‥‥‥‥‥‥‥‥‥‥‥‥‥‥‥‥‥‥‥‥‥‥‥‥‥‥‥‥‥‥‥‥‥‥

3 課題を終えたタイミングで、教師に
報告します。

‥‥‥‥‥‥‥‥‥‥‥‥‥‥‥‥‥‥‥‥‥‥‥‥‥‥‥‥‥‥‥‥‥‥‥‥‥

4 報告を受けた教師は子どもにシール
を渡します。子どもは自分でシール
を表に貼ってその場でふり返りをし
ます。

‥‥‥‥‥‥‥‥‥‥‥‥‥‥‥‥‥‥‥‥‥‥‥‥‥‥‥‥‥‥‥‥‥‥‥‥‥

 ●子どもが自発的に取り組むことができるように、課題の内容や学習環境を調整した上で、
導入します。

教材の活用を通して

37 の報告カードから移行する形で使い、年間の作業学習の多くの時間に
活用しました。制作や仕分けなどさまざまな作業学習の内容に応じて課題
を設定し、決められた課題が一つ終わるごとに教師に報告に行くようにし
ます。課題が達成されていれば該当の箇所にシールを貼るようにします。
提出してしまうと見えにくい成果でも、シールを通して具体的な数で確認
できることで、つぎもがんばろうとする意欲につながります。

39 報告・相談カード

ねらい

◆カードを使うことで、自分から報告や相談ができるようにします。
◆報告や相談をしながら、最後まで課題に取り組むことができるようにします。

材料

A3 用紙　ラミネーター

作り方

1

文章とイラストを考え、パソコンでカードを作ります。➡コピー用 135 ページ

2

印刷して、ラミネート加工し、カードごとに裁断します。

3

報告にくる子どもに見える位置にテープなどで貼り付けます。

おしえて
ください

かして
ください

てつだって
ください

できました

○○に
いってきます

1 子どもが見やすい向きに、教卓に
カードを貼っておきます。

2 カードを示して教師に報告・相談す
るようにします。
子どもからの相談や報告を引き出す
ために少し待つ、それでもむずかし
い時は、教師が報告・相談カードの
中から状況に合ったカードを指さし
することで本人の言葉を引き出すな
ど、段階的に支援を行います。

3 子どもの行動に対して「よくできたね」など、肯定的なフィードバックを
積み重ねるようにします。

教材の活用を通して

「おしえてください」「かしてください」「てつだってください」などのカー
ドを手がかりに、子どもの思いや要求を知ることができ、本人に応じた適
切な指導・支援をすることにつながります。報告・相談カードを手がかり
にして、自分から相手に働きかける姿が多く見られるようになりました。
まずは、「自分から伝えることができた」という達成感が得られるような
環境設定をすることがポイントです。

40 順序数の学習キット

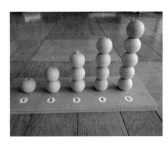

ねらい

◆1から5までの順序数の学習に使います。
◆数字と数量のマッチングに取り組むようにします。

材料

厚さ5mm程度の板　木玉（市販品）　丸棒
ドリル　ボンド

作り方

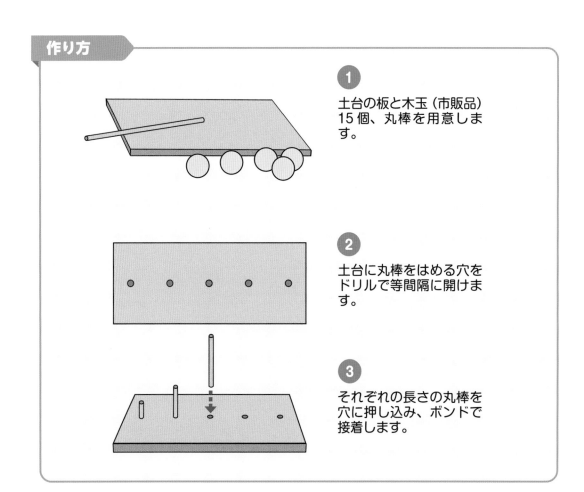

1

土台の板と木玉（市販品）
15個、丸棒を用意します。

2

土台に丸棒をはめる穴を
ドリルで等間隔に開けます。

3

それぞれの長さの丸棒を
穴に押し込み、ボンドで
接着します。

使い方

1 最初は子どもに木玉を手渡し、1か
ら順に木玉を入れるように声かけし
ます。

2 慣れてきたら、トレイにある木玉を
自分で取り出し、1から順に入れる
ようにします。

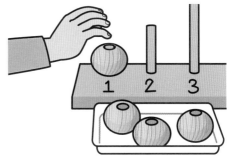

3 完成したら、数ごとに「そうだね」「できたね」とフィードバックします。

- 1から5までの順序数に繰り返し取り組みます。
- 具体物の操作を通して、数概念の定着を図ります。

教材の活用を通して

はじめは1対1で数字と木玉の個数の対応に繰り返し取り組み、順序数
（1、2、3…）の理解の定着を図るようにします。1から順に取り組むよ
うにていねいに指導することが大切です。量として数を捉えるためにも、
具体物の操作を伴う学習はとても大切です。また、木玉を棒に入れると手
指の巧緻性にもアプローチできるため、感覚や脳を育てる上でも有効な学
習方法です。

41 ランダムな数の学習キット

ねらい

◆1から5までの順序数を理解させます。
◆数詞と数量のマッチングができるようにします。

材料

厚さ5mm程度の板　木玉（市販品）　四角の木片
丸棒　ドリル　ボンド　ホワイトボード

作り方

1

土台の板と丸棒を用意します。

2

土台に丸棒をはめる穴をドリルで5cm程度の等間隔に開けます。

3

同じ長さの丸棒を穴に押し込み、ボンドで接着します。

4

木玉は市販のもの、四角の木片は中央に丸棒が通る穴をドリルで開けます。

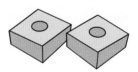

5

丸棒の前にホワイトボードを接着します。

1 木玉と木片は別のトレイに入れておきます。ホワイトボードに1～5までの数をランダムに書いておきます。

2 ホワイトボードの数と同じ数の木玉（木片）を丸棒に入れていきます。

3 合っていたら、数ごとに「そうだね」「できたね！」とフィードバックします。

4 木片を使うと、一度の学習で扱う数が多くなっても、木玉に比べてスペースを大きくとらずに済みます。

 ●子どもの様子を見ながら、スモールステップで取り組みます。

教材の活用を通して

数詞と数量をマッチングするだけでなく、木玉や四角の木片をよく見て選んだり、片方の手で土台をしっかり抑え、丸棒にスムーズに入れる手の動きや姿勢などに注目して支援します。わかりやすい学習環境を整えた上で、1対1でていねいに取り組むと、より集中して学習に取り組むことにつながります。

42 数詞ー数量ー色のマッチングキット

ねらい

◆1から5までの順序数を理解させます。
◆数詞ー数量ー色のマッチングができるようにします。

材料

厚さ5mm程度の板　円柱の木（市販品）　丸棒
ドリル　ボンド　ペンキ　ホワイトボード
マグネット

作り方

1

土台の板と丸棒を用意します。

2

土台に丸棒をはめる穴をドリルで等間隔に開けます。

3

同じ長さの丸棒を穴に押し込み、ボンドで接着します。

4

穴が開いた丸棒（市販品 50cm、２本購入）を 3cm 幅に切り、円柱にします。

5

円柱に青、白、黄、赤のペンキで各５個ずつ塗ります（予備を作っておくと便利）。

6

丸棒の前にホワイトボード（2cm × 2cm）を貼り付けます。

7

１～５の数を書いた４色の数字カードを作ります。

8

数字カードの裏面にマグネットを付け、⑥のホワイトボードに貼り付けて使います。

＊写真は丸棒４本用。
子どもの状況を見ながら臨機応変に対応していきます。

1 事前にホワイトボードに1～5までの数字カードをランダムに置きます。

2 はじめは同じ色の円柱を1～5の丸棒に各個数分入れます。できたら2色に増やしていきます。スモールステップで取り組みます。

3 数ごとに「そうだね」「できたね」とフィードバックします。

💡 ● 数詞と数量をマッチングするだけでなく、見ること、両手をそれぞれ使うこと、正しいかどうか自分で確かめることなどにも意識して支援します。

教材の活用を通して

数詞と数量のマッチングをさらに発展させた課題です。キットを作るには手間がかかりますが、本人の様子に応じて柔軟に学習に取り組むことができます。数詞―数量―色と3つの条件での学習になります。課題の内容や量に配慮しながら、達成感を積み重ねた学習ができるようにします。

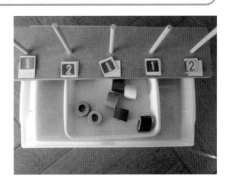

43 数詞―数量―色の マッチングカード

ねらい

◆1から5までの順序数を理解させます。
◆数詞―数量―色のマッチングができるようにします。

材料

名刺サイズのカード　カードを入れる容器
ラミネーター　トレイ

作り方

1

容器に1から5の数字カードを貼ります。

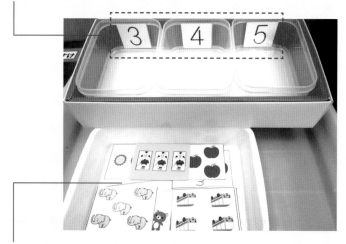

2

1～5までの数量をイラストで表した数量絵カードを作ります。➡コピー用 136 ～ 138 ページ

3

1枚の数量絵カードは、名刺サイズ。
5種類のイラストで各5枚ずつ、合計
25枚作ります。

4

数量絵カードは、ラミネート加工します。

1 はじめは、1〜3の数量絵カードを使います。

2 1〜3の数量絵カードをまぜて、別のトレイに入れておきます。

3 トレイから取り出し、それぞれの容器の中に、対応する数量絵カードを入れます。

4 できるようになったら、大きい数（3〜5）に進みます。

💡 ●数量絵カードのイラストは太陽、りんご、ぞうなど子どもに親しみがあるイラストを選びます。背景がないシンプルなイラストがわかりやすいでしょう。

教材の活用を通して

1から5までの数のうちランダムな数の学習を行う教材です。5までの数を一気に学習するとなると、子どもへの負担感も大きくなります。程よい負荷になるように、3つの数を取り扱うようにしました。

分類するカードはイラストを5種類準備しておきました。児童生徒によってはカードにイラストだけでなく数字を書いておくことで、より自分で正しく課題に取り組むことができるようになります。

写真のような空き箱に容器を入れて提示しておくと、数字ごとの容器がバラバラにならず、きっちりと並んでいることにこだわりのある子どもでも、スムーズに課題に取り組むことができました。

44 小型容器の マッチングキット

ねらい

◆絵や色で容器とキャップのマッチングができるようにします。
◆キャップをしめる手指の動きを高めます。

材料

タレビン（キャップ付き）　タックシール　トレイ

作り方

1

キャップつきのタレビン（醤油入れの容器）を用意します。

2

各キャップの色ごとに同じ色のタックシールを容器の本体に貼り付けます。
＊3色のキャップがある市販品があります。

3

タックシールでマッチングする教材とは別に、容器に、乗り物・動物などのイラストを切り抜いて貼り付け、キャップにマッチングするタイプも作ります。

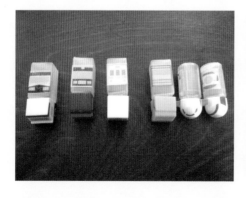 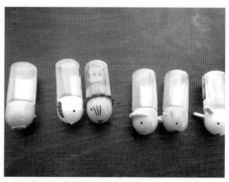

＊この教材に貼付したイラストは、容器のパッケージの一部として印刷されていた物も活用しました。

1　子どもの状況に応じて個数や、キャップの大きさや素材などを調整しておきます。

2　キャップと容器本体を、それぞれ別のトレイに分けておきます。

3　柄や色が合うキャップと容器を見つけて、キャップをします。

4　できたら、子どもたちに肯定的な声かけをします。

💡 ●容器の大きさによって難易度が異なるので、子どもが「できた」という思いを育めるようにスモールステップで取り組むようにします。
　●容器の包装についているイラストをコピーすると、簡単に作ることができます。

教材の活用を通して

乗り物や動物に興味関心がある子どもは、カラフルなものに関心を示し、意欲的に取り組みます。弁当用の醤油の容器や化粧品を小分けする各種の小型容器が市販されていますので、それを活用することでさまざまな教材を作ることができます。キャップの大きさや素材にはバリエーションがあるので、本人の手指の巧緻性（こうちせい）に応じて準備することが大切です。

45 洗濯バサミとクリップのマッチングキット

ねらい

◆洗濯バサミ、ダブルクリップを使って色のマッチングをします。
◆目と手を協応した動きを高めます。

材料

洗濯バサミ（5色）　ダブルクリップ（5色）
タックシール（5色）　トレイ

作り方

1

洗濯バサミ、ダブルクリップ（小型のもの）を5色各5つずつ用意します。

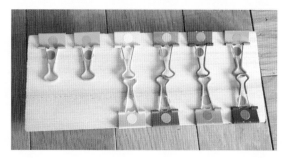

2

板を適当な大きさに切って土台にし、等間隔にタックシールを貼ります。

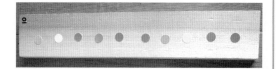

3

5色のタックシールはランダムに貼り付けます。

使い方

1 子どもの状況に応じて個数や、洗濯バサミのバネの強度を確認しておきます。

2 洗濯バサミをトレイに入れておきます。

3 土台に貼ってあるタックシールの色の場所に、同じ色の洗濯バサミを付けていきます。

💡 ● 洗濯バサミとダブルクリップとでは、必要な指の力や動きが異なるので、子どもの状況をきちんと把握して、段階的に指導します。

教材の活用を通して

土台の形と洗濯バサミ、ダブルクリップなどをはさむ方法は、形や力加減などもさまざまなバリエーションが考えられます。下の写真のようにタックシールとタックシールの間に仕切りを入れることで、場所を確認しながらはさみ込む作業がていねいになっていきました。

46 手指の操作性を高める ヘアゴムキット

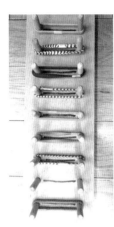

ねらい

◆両手の指の操作性を高めます。
◆目と手を協応して課題に取り組むようにします。

材料

ヘアゴム　木のペグ　板　ドリル　ボンド　マジック

作り方

1

ヘアゴム、木のペグ、板を用意します。

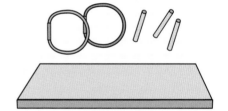

2

土台になる板にドリルで穴を空け、木のペグを打ち込みボンドで接着します。

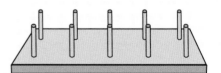

3

ペグとペグの間にマジックで補助線を引きます。垂直の補助線、斜めの補助線を適宜まぜます。

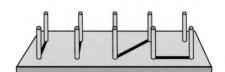

1 子どもの状況に応じて個数や、ヘアゴムの強度、ペグとペグの距離を確認しておきます。

2 ヘアゴムをトレイに入れておきます。

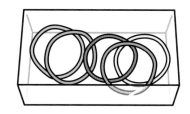

3 土台の補助線に沿ってヘアゴムをかけていきます。

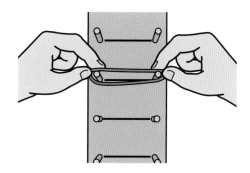

4 横の直線でゴムをかけることができたら、縦、斜めなど別の方向にチャレンジします。

 ●斜めの補助線を複数作っておくと、課題の複雑性が高まります。

教材の活用を通して

輪ゴムなどヘアゴムの替わりになる伸縮性のあるさまざまな素材があります。子どもの指の動かし方や力の加減などに考慮し、素材を選択してください。輪の形の素材の他、1本のゴムひもで行う方法、ペグとペグの距離を離す方法なさまざまなバリエーションを考案することができます。

47 イラスト版五十音パズル

ねらい

◆ イラストや文字に注目し、マッチングします。

◆ 課題の内容がわかり進んで取り組むことができます。

材料

ホワイトボード　のり　マグネットシート
ラミネーター　厚紙

作り方

1
ひらがなとその文字が頭に付く言葉をイラストにし、カードを作成します。

2
カード部分を印刷後、ラミネート加工します。

3
厚紙に貼ってから切り取ります。

4
カードの裏面にマグネットを貼り付けます。

使い方

1 ひらがなや言葉の学習で子どもと一
緒に使います。

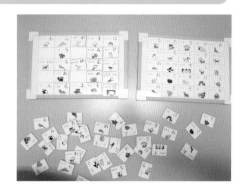

2 子どもたちの興味に合わせてイラストや単語を選び、注目させるようにします。

教材の活用を通して

動物が好きな子には動物のイラストを中心に作成しました。その他にも、国旗・国名や食べ物など、それぞれが興味関心をもって取り組むことができるような教材に工夫することで、進んで学習に取り組むようになりました。

48 文字くみたてカード

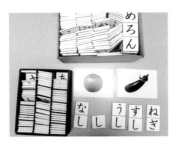

ねらい

◆ 提示されたイラストに対応する正しい文字になるように文字カードを選択したり並べたりすることができます。

◆ 学習内容がわかり進んで取り組むことができます。

材料

パネル　マグネット

作り方

1

パソコン（ワードやエクセル）で文字カードを作成します。

2

写真は1文字あたりおよそ6cm×6cmのサイズで作成します。

3

作成後は扱いやすいように厚さ3mm〜5mm程度のパネルに貼りカッターで切り取ります。

4

裏面にマグネットを貼り付けホワイトボード等でも活用できるようにします。

＊絵カードも同じようにして作成しましたが、写真は例示のため市販の「くだもの・やさいカード」を使用しています。

1 教師との個別指導の時、使用します。

2 教師がイラストを提示し、イラストの名前を確認します。

3 教師は見本の文字を提示します。

4 正しい文字になるように選択肢の中から文字カードを選び、貼ります。

5 注意を向ける位置がわかりやすいように、右のように枠を作って課題に取り組むようにしました。

 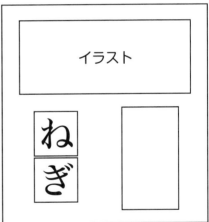

教材の活用を通して

１文字からはじめて、徐々に文字数を増やしていったり、その子がよく知っているものから知らないものへとスモールステップで課題の難易度を設定しました。

49 英語食べ物名前シート

ねらい

◆ 身近な食べ物の英単語に親しみます。
◆ 楽しみながら学習に参加します。

材料

用紙（A4 サイズ）

作り方

1

パソコンで食べ物のイラストと英単語を組み合わせて作成します。

➡ コピー用 139 ～ 143 ページ

2

毎回 6 種類の食べ物に関するシートを作成しました（全6回）。

1 英語の授業中に使います。食べ物に関するチャンツ＊に取り組んだ後にこのシートを使います。

＊チャンツ…子ども向けの英語教育で取り入れられる、英語の単語や文章を一定のリズムに乗せて歌ったもの。

2 聞こえてきた英語をカタカナにして空欄に記入します。カタカナ名を書く、もしくは事前に用意しておいたカタカナの文字シールを貼るなど、生徒のニーズに応じて取り組めるように工夫します。

3 クラス全体で確認をします（スライドを提示しながら全体で確認をする）。

教材の活用を通して

チャンツという比較的動きのある活動と、各自が取り組むシートの静的な活動を交互に組み合わせることで、メリハリのある課題にし、集中して取り組めました。
また生徒の好きな食べ物や身近な食べ物の名前をピックアップしたことで、英語を身近に感じながら学習に取り組むことができました。

50 個別スペースを作る

ねらい

◆着替えやクールダウンの時に利用します。

材料

衝立　ネジ　のれん（布）

作り方

1

衝立を2面用意して、コーナーを作ります。

2

転倒防止のため衝立の脚をテープやネジなどで固定します。

3

入口にのれんをかけます。

4

「個別スペースの使い方」の案内を作り、入り口に掲示します。

1 着替えのスペース

着替えに支援が必要な男子用に登校時と下校時に利用するようにしました。更衣室よりも衣服をたたむ・しまうために必要なスペースを広く確保できます。

2 みんなが利用できるスペース

特定の子どものためのスペースではなく、みんなが利用できることをその都度伝えたり、「個別スペースの使い方」を掲示します。

3 クールダウンのスペース

パニックになったり、衝動的な行動が見られたりした時に、気持ちを落ち着かせる休憩スペースとして使います。また考え事をする場所としても有効です。

教材の活用を通して

多目的な個別スペースとして、子どもの状況に応じてさまざまな目的で利用できます。複数のクールダウンの方法から子ども自身が個別スペースを選択して、気持ちを調整する場所として使うことがあります。どのように利用するかは、子どもの選択に任せる枠組みを整えることがポイントです。

巻末付録
コピーして使える教材

いま、どんな気持ち？

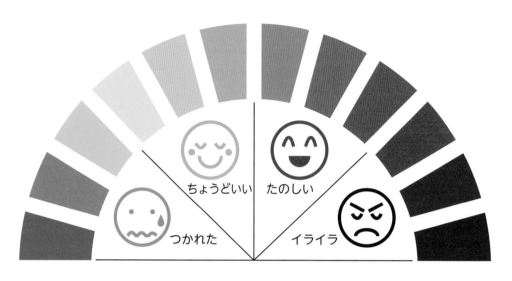

リラックスする方法を考えよう

こころの　なかで	ちいさな　こえ	ふつうの　こえ	すこし　大きなこえ	大きなこえ

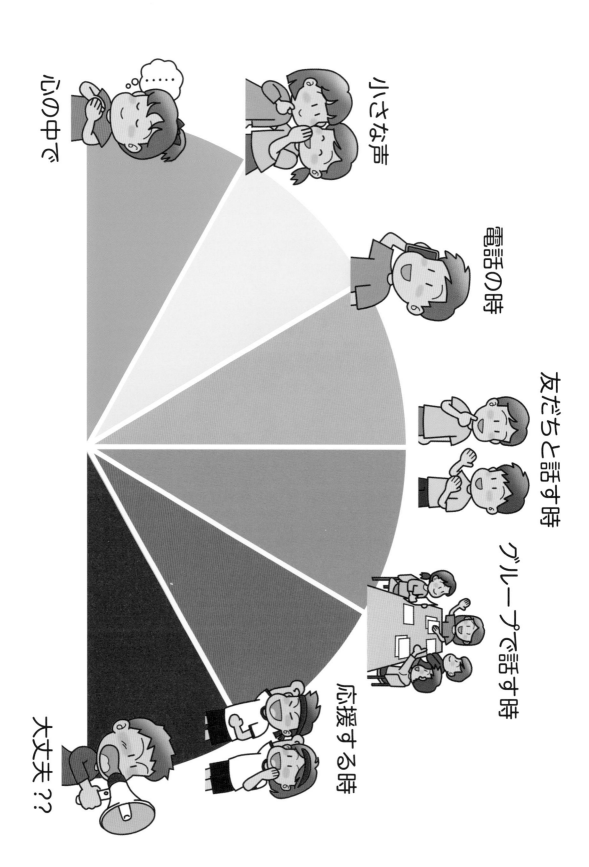

「1 気持ちのメーター」矢印

「3 声の大きさシート」星

「4 声の大きさシート【応用】」矢印

野菜の記録

野菜の名前

記録日	月　　　　　日	名前	

【野菜の様子】

全長（全体の長さ）
センチメートル ｃｍ

花の数
まい 枚

実の数
こ 個

うれしい

いいね

あんしん

しんぱい…

びっくり！

名前	

野菜の名前

○収穫記録表

日にち	収穫した数
① 　月　　日（　　）	
② 　月　　日（　　）	
③ 　月　　日（　　）	
④ 　月　　日（　　）	
⑤ 　月　　日（　　）	

○収穫グラフ

①　／	②　／	③　／	④　／	⑤　／

音読記録シート

	月	日	曜日

【作品名】	
【ページ】	

ポイント	自分でふり返ろう			おうちの方より
	1回目	2回目	3回目	
1. 正しく読むことができましたか？				
2. はっきりと読むことができましたか？				
3. すらすらと読むことができましたか？				

【最後におうちの方から評価をお願いします】

◎…よくできた　　　○…できた　　　△…もう少し

「正しく読む」…文章を間違わずに読むこと

「はっきりと読む」…聞いている人が聞きやすい声の大きさで読むこと

「すらすらと読む」…途中で止まらずに文章を読むこと

音読記録シート

| 月 | 日 | 曜日 |

【作品名】	
【ページ】	

ポイント	自分でふり返ろう		
	／	／	／
1. 正しく読むことができましたか？			
2. はっきりと読むことができましたか？			
3. すらすらと読むことができましたか？			

◎…よくできた　　　○…できた　　　△…もう少し

「正しく読む」…文章を間違わずに読むこと

「はっきりと読む」…聞いている人が聞きやすい声の大きさで読むこと

「すらすらと読む」…途中で止まらずに文章を読むこと

あさのかい

1	はじめ の あいさつ	
2	けんこう かんさつ	
3	きょう の よてい	
4	せんせい の はなし	
5	おわり の あいさつ	

朝の会
日直　進行カード

1	**はじめ の あいさつ**	
	□「きりつ。」 □「これから、朝の会をはじめます。れい。」 □「おはようございます。」 □「着席。」	
2	**けんこう かんさつ**	
	□「〜さん、おねがいします。」	
3	**きょう の よてい**	
	□（　　）月（　　）日（　　）曜日　天気（　　　） □ 時間割	
4	**先生 の 話**	
	□「〜先生、おねがいします。」	
5	**おわりのあいさつ**	
	□「これで、朝の会をおわります。れい。」	

かえりのかい

1	はじめ の あいさつ	
2	きょう の かんそう	
3	あした の よてい	
4	せんせい の はなし	
5	おわり の あいさつ	

帰りの会
日直　進行カード

1	**はじめ の あいさつ**	
	□「きりつ。」 □「これから、帰りの会をはじめます。れい。」 □「おはようございます。」 □「ちゃくせき。」	
2	**きょう の かんそう**	
	□「〜さん、おねがいします。」	
3	**あした の よてい**	
	□（　　　）月（　　　）日（　　　）曜日　天気（　　　） □ 時間割	
4	**先生 の 話**	
	□「〜先生、おねがいします。」	
5	**おわりのあいさつ**	
	□「これで、帰りの会をおわります。れい。」	

□ 月 □ 日 □ 曜日 天気 □

	きょうのよてい
朝	
1	
2	
3	
給食	
4	
5	
下校	

学校についた時間

時　　　分

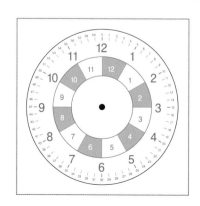

今日の目標 （今日はなにをがんばりますか？）

グッドポイント

今日の感想（がんばったこと・うれしかったこと）

先生から

家庭から

□ 月	□ 日	□ 曜日

グッドポイント

登校（8：40まで）	身だしなみ（朝）	荷物整理（朝）	係の仕事	身だしなみ（帰）

先生から

家庭から

朝の支度

1		連絡帳などを提出する
2		カバン・荷物を片付ける
3		着替えをする
4		日課表を書く
5		報告する
6		クリアケースに入れる
7		自由時間

帰りの支度

1		着替えをする
2		日課表を書く
3		報告する
4		連絡帳・おたより
5		カバン・荷物を準備する
6		係の仕事
7		自由時間

おふろのはいりかた

1	ふく を ぬぐ	
2	かお を あらう	
3	あたま を あらう	
4	からだ を あらう	
5	ゆぶね に はいる	
6	からだ を ふく	
7	ふく を きる	
8	かみ を かわかす	

はみがき

①うえ の は（まえ）

②うえ の は（おく）

③はんたい

④した の は（まえ）

⑤した の は（おく）

⑥はんたい

⑦うえ の は（うしろ）

⑧した の は（うしろ）

⑨うがい

⑩かたづけ

おしまい

連絡帳
れんらくちょう

提出物
ていしゅつぶつ

宿
しゅく
題
だい

クリアケース

とてもたのしい	あつい
たのしい	のどがかわいた
きもちがいい	きがえがしたい
しんぱい	ねむい
おこっている	いたい

トイレ

トイレ

<ruby>水分補給<rt>すいぶんほきゅう</rt></ruby>

<ruby>休憩<rt>きゅうけい</rt></ruby>

「お茶を飲んでも良いですか？」	「お茶をください。」	「おかわりをください。」	「トイレに行ってもいいですか？」

年度　部　班

作業ノート

月　日　曜日	

① 作業時間	午前　午後 （　）：（　） から ↓ 午前　午後 （　）：（　） まで	午前　午後 （　）：（　） から ↓ 午前　午後 （　）：（　） まで

② 確認 チェック→	エプロン	ハンカチ	ファイル	ひっきようぐ	つめのながさ

③ 作業内容	

④ 目標	

⑤ 反省	

先生から	

132　36　準備から報告まで使える作業日誌

報告カード（ほうこく）

年度（ねんど） 　部（ぶ）　作業学習（さぎょうがくしゅう）[　班（はん）]

月（がつ）	日（にち）	曜日（ようび）

氏名（しめい）

報告内容（ほうこくないよう）	先生から（せんせい）	サイン

報告カード（ほうこく）

年度（ねんど） 　部（ぶ）　作業学習（さぎょうがくしゅう）[　班（はん）]

月（がつ）	日（にち）	曜日（ようび）

氏名（しめい）

報告内容（ほうこくないよう）	先生から（せんせい）	サイン

作業製品　出来高表

氏名	

つくったもの	

1	2	3	4	5
6	7	8	9	10
11	12	13	14	15

合計 □ 作りました。

おしえて
ください

かして
ください

てつだって
ください

できました

◯◯に
いってきます

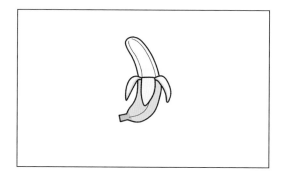

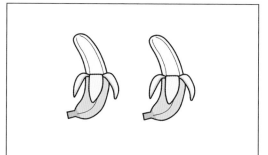

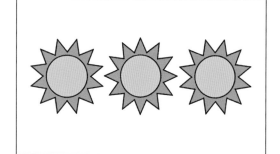
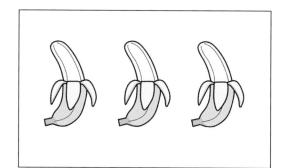

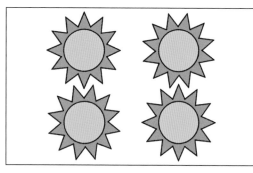
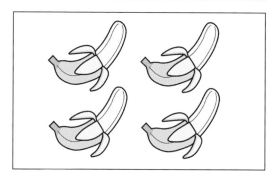

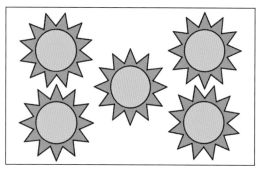
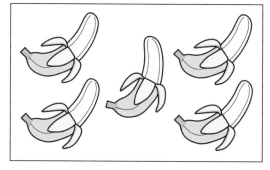

43　数詞—数量—色のマッチングカード（1）

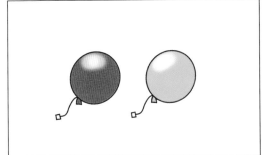

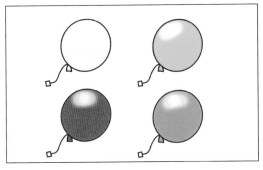

たべもの の なまえ

えいご で なんて いうのかな
カタカナ で かいてみよう！

Carrot	Tomato	Cheese

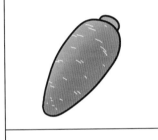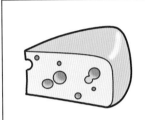

Grape	Strawberry	Lettuce

たべもの の なまえ

えいご で なんて いうのかな
カタカナ で かいてみよう！

Hamburger	Fish	Nuts

Chocolate	Candy	Bread

たべもの の なまえ

えいご で なんて いうのかな
カタカナ で かいてみよう！

Egg	Rice	Pumpkin

Chestnut	Pasta	Eggplant

たべもの の なまえ

えいご で なんて いうのかな
カタカナ で かいてみよう！

 Sausage	 Crab	 Omelette

 Chicken	 Corn	 Paella

たべもの の なまえ

えいご で なんて いうのかな
カタカナ で かいてみよう！

Milk	Ham	Apple

Ice cream	Cookies	Banana

【著者紹介】

佐藤義竹（さとう・よしたけ）

福島大学教育学部卒業後、筑波大学大学院修士課程修了。
福島県立特別支援学校に5年間勤務の後、筑波大学附属大塚特別支援学校
中学部担任を経て、研究主任兼教務主任。
東京都文京区教育センター専門家、文京区特別支援教育外部専門員、筑波
大学支援専門家チーム員。
自己選択・自己決定、意思表明の力を育む教材として『すきなのどっち？』
(tobiraco,2019)、時計学習に特化した『スモールステップ時計ワークシート』
(合同出版、2019) の開発など各種の支援教材を考案している。

【制作協力者】

中村晋（帝京大学教育学部准教授）

高津梓（筑波大学附属大塚特別支援学校教諭）

イラスト　えびてん、Shima.
組版　Shima.
装幀　アップライン株式会社

今すぐ使える！　特別支援アイデア教材50

2020年9月20日　第1刷発行
2024年6月10日　第4刷発行

著　者　佐藤義竹

編著者　筑波大学附属大塚特別支援学校教材教具研究会

発行者　坂上美樹

発行所　合同出版株式会社
　東京都小金井市関野町1-6-10
　郵便番号　184-0001
　電話　042（401）2930
　振替　00180-9-65422
　ホームページ　http://www.godo-shuppan.co.jp/

印刷・製本　株式会社シナノ